Richard Fuchs/Georg Kretzschmar (Hrsg.)

StadtLandFluss

Einmalig:
Die Düsseldorfer Rheinlandschaft

Engelsdorfer Verlag
Leipzig
2016

Bibliografische Information durch die Deutsche Nationalbibliothek: Die Deutsche Nationalbibliothek verzeichnet diese Publikation in der Deutschen Nationalbibliografie; detaillierte bibliografische Daten sind im Internet über http://dnb.dnb.de abrufbar.

Titelfoto: Richard Fuchs

Die inzwischen historische Aufnahme zeigt Schafe auf dem Deich
vor der schönen Häuserkulisse am Kaiser-Wilhelm-Ring
aus einer Zeit, als Schäfer Gerhard Siegfried (1937–2015)
mit der Herde im Auftrag des Besitzers Albert Görsmeyer
in den Rheinauen zwischen Heerdt und Lörick hin und her wanderte.

ISBN 978-3-96008-686-4

Hergestellt in Leipzig, Germany (EU)
www.engelsdorfer-verlag.de

19,50 Euro (D)

Die Dokumentation **StadtLandFluss**
des Natur- und Landschaftsschutz-Vereins DEICHWÄCHTER e. V.
mit aktuellen Beiträgen des Vorstandes der Deichwächter,
u. a. einer Dokumentation der Pflanzenwelt auf den Oberkasseler Rheinwiesen in
Wort und Bild von Georg Kretzschmar, eine Hommage
an die unverwechselbare grüne Rheinlandschaft.

Die Chronik des Deichwächter e. V. am Ende des Buches
zeigt die Erfolgsgeschichte des Vorstandes der Deichwächter
und seiner Mitglieder, die sich im Interesse des Gemeinwohls
ehrenamtlich mit einem nicht geringen Teil ihrer Lebenszeit eingesetzt haben.

Texte, Fotos, soweit nicht anders gekennzeichnet und Layout: Richard Fuchs
Beitrag „Grün unersetzlich..." sowie Anregungen und Korrekturen: Ursel Fuchs
Computer-Grafik/Formatierung und Bildbearbeitung: Renate Scherberich
Sämtliche Texte und Fotos standen für das Buchprojekt
kostenlos zur Verfügung.

Eine besondere Anerkennung gilt unseren Verbündeten in Lörick,
nicht nur während der Jahre 2001 – 2002,*
als die Deichwächter gemeinsam mit zahlreichen weiteren Vereinen erfolgreich
gegen die Olympia-Bewerbung der Stadt Düsseldorf protestierten
und damit bäuerliche Existenzen wie Landschaftsschutzgebiete retteten.

Beteiligte des Aktionsbündnisses „HÄNDE WEG VON DEN RHEINAUEN" waren u. a.:
Bürgerverein Lörick e.V.;
Bürgerverein Büderich e.V.;
Heimatverein Oberkassel e.V.;
Bürgerverein Handweiser e.V.;
Bürgerverein Niederkassel e.V.;
St. Sebastianus Schützenbruderschaft Lörick;
KGV „Löricker Wäldchen" e.V.;
Initiative „Rettet die Wiese";
Natur- und Landschaftsschutz-Verein DEICHWÄCHTER e. V.;
Verkehrsclub Deutschland (VCD), Kreisverband Düsseldorf e.V.;
Arbeitsgemeinschaft Düsseldorfer für umweltgerechte Raum- und Verkehrsplanung (ADuR)
im *NABU* Verband Düsseldorf e.V.;
BUND Bund für Umwelt und Naturschutz Deutschland, Kreisgruppe Düsseldorf;
Landwirte-Kreisvereinigung Düsseldorf e.V. Löricker Landwirte.

*Gemeinsam mit dem Bürgerverein Lörick e.V. protestieren die Deichwächter nach wie vor
gegen das Projekt „Rheinquerung U 81" durch das Landschaftsschutzgebiet in Lörick,
das laut Schreiben (29. Okt. 2013)
des *Ministeriums für Bauen, Wohnen, Stadtentwicklung und Verkehr des Landes NRW*
und des Bundesministeriums für Verkehr, Bauen und Stadtentwicklung
an den Deichwächter e. V. aus ministerieller Sicht ebenfalls als kritisch eingestuft gilt.

Vorwort

Warum noch ein Buch über Düsseldorf, wenn es doch schon so viele gibt? Bildbände mit Sehenswürdigkeiten von Kaiserswerth bis Benrath, solche mit alten Stadtansichten oder Bücher über einzelne Stadtteile füllen in gut geführten Buchhandlungen nicht selten zwei Regalreihen. Wer dennoch ein Buch über das sucht, was Düsseldorf so einzigartig und unverwechselbar macht und die Stadt am Strom seit Jahrhunderten prägt – sucht vergebens. Das vorliegende Buch mit dem Titel „STADTLANDFLUSS“, lenkt die Blicke auf weidende Schafe auf Rheinwiesen und -auen, auf Deiche, die uns vor Überschwemmung schützen, auf städtebauliche Schönheiten diesseits und jenseits des Stroms, Einblicke in das Innenleben von Vater Rhein und auf vieles, was sich auf ihm täglich bewegt. Das Buch lädt nicht zuletzt ein zum Verweilen in den stadtnahen Erholungsgebieten entlang der Ufer des großen Stroms.

Obwohl der Rhein mit seinen vielen Windungen auf einer Strecke von rund 32 Kilometern die Stadt passiert, beschreibt das Buch vorwiegend einen Teil der Landschaft und Stadtkulisse entlang des Stroms, von Heerdt bis Mönchenwerth, vom Golfplatz vor dem Kraftwerk Lausward bis Kaiserswerth, nahe der Innenstadt.

Was grüne Landschaft für uns bedeutet, ist auf einer Schrifttafel zu lesen, die die Untere Landschaftsbehörde gemeinsam mit BUND/Freunde der Erde im Hofgarten, Nähe Spielplatz Kaiserstraße aufgestellt hat. Darauf ist zu lesen: „Grün in der Stadt macht die Stadt lebenswerter: Straßenstaub und Schadstoffe werden gefiltert, Sauerstoff gebildet, die lokale Aufheizung gemildert und das Stadtbild aufgelockert. Für uns Menschen ist Grün in der Stadt aber auch eine Möglichkeit, Natur zu erleben und zu genießen – als Augenweide vor allem als unverzichtbarer Ruhepol, Entspannungs- und Erholungsraum.“

Düsseldorf hat zu Recht den Ruf einer „Gartenstadt“. Bereits der Blick auf einen Stadtplan lässt erahnen, dass knapp die Hälfte des rund 217 Quadratkilometer großen Stadtgebietes grüne oder auch landwirtschaftlich genutzte Landschaft ist – davon ein beträchtliches Stück entlang des Rheins. Während anderen Orts Vater Rhein schon mal sein Bett verlässt, bieten z. B. die Urdenbacher Kämpe, der Himmelgeister Rheinbogen, die Ölganginsel, die Rheinauen von Heerdt bis Lörick ausgedehnte Retentionsräume.

Dass die Düsseldorfer Bevölkerung so viel grüne Natur genießt, ist keine Selbstverständlichkeit. Damit das so bleibt, muss diese Natur als hohes Gut bewahrt und geschützt werde. Denn nicht selten entwickeln Politik und Verwaltung der Stadt aber auch private Veranstalter Begehrlichkeiten, ganz besonders, wenn es darum geht, sich ein schönes „Filetstück“ der Rheinlandschaft einzuverleiben: wie z. B. für Deichgaragen zwischen Oberkasseler- und Kniebrücke – 500 Autos sollten im Deich verschwinden –, für Dauerrummel auf den Oberkasseler Rheinwiesen oder Volleyball-Stadien für Olympiade-Bewerbung 200/2003. Bei Erfolg wären nicht nur das Landschaftsschutzgebiet von Kniebrücke bis Lörick, sondern auch die landwirtschaftlich genutzten Flächen, bäuerliche Existenzen inklusive, einem temporären Prestigeereignis dauerhaft zum Opfer gefallen. Das regte Widerstand in der Bevölkerung. Gemeinsam mit 17 Vereinen bereitete das Aktionsbündnis „Hände weg von den Rheinauen“ der millionenteuren Bewerbung ein Ende und verhinderte damit, dass weitere Millionen „verbrannt“ wurden.

Immer noch aktuell: die Planung einer zusätzlichen Rheinquerung für den ÖPNV, die U 81, das heißt eine Brücke zwischen dem Messegelände und Lörick. Auch dort geht es um Landschaftsverbrauch und die

Vernichtung von Ackerflächen. 2002 wurde die Brücke für die Olympiade 2012 und die Fußballweltmeisterschaft 2006 geplant. Beide Prestigeprojekte ereigneten sich dann anderenorts – nicht in Düsseldorf. Dennoch wird weiter geplant, obwohl der angebliche Bedarf hinfällig geworden ist.

1998 hatte der Rat die Verwaltung der Stadt mit einer Recherche für veranstaltungstaugliche Freiflächen beauftragt. Was lag da näher, mal wieder die Rheinwiesen für bis zu fünf weitere Großveranstaltungen zu nominieren. Auch in diesem Fall regte sich Widerstand. Als Folge des Bürger-Protestes zog der Rat der Stadt in der letzten Januarwoche 1999 seine Forderung zurück, die Rheinwiesensatzung zu verändern. Diese Ende 1975 in Kraft getretene Satzung schreibt unmissverständlich vor: „Die Rheinwiesen dienen der Düsseldorfer Bevölkerung ausschließlich der Erholung. Veranstaltungen aller Art sind unzulässig. Hiervon sind ausgenommen die traditionellen Veranstaltungen: 1. das Schützenfest des St. Sebastianus-Schützenvereins 1813 e. V. Düsseldorf-Oberkassel, 2. das Schützen- und Volksfest des St. Sebastianus-Schützenvereins Düsseldorf 1316 e. V., 3. einmal jährlich Zirkusgastspiel mit maximal zwanzig Vorstellungen. Darüber hinaus sind Jubiläumsveranstaltungen der Stadt Düsseldorf und des Landes Nordrhein-Westfalen zulässig.“[1] Da diese Satzung eine weitergehende Nutzung der Oberkasseler Rheinwiese über das bisherige Maß hinaus wirksam einschränkt, wäre für weiterreichende Pläne mit mehr Großveranstaltungen eine Änderung der Satzung notwendig gewesen. Dagegen hatte sich auch die Bezirksvertretung 4 einstimmig gewandt.

Naturvergessenheit nennt der Biologe und Theologe Prof. Dr. Dr. Günter Altner (1936–2011) das Phänomen, wenn sich eine ausbeuterische Haltung gegenüber der Natur breit macht. „Einerseits sind wir zu Siegern über die Natur geworden, andererseits drohen wir uns totzusiegen“, so Altner, wenn wir „die irdische Lebenswelt und alles, was durch Jahrmillionen wurde, im Zuge eines fehlorientierten Wachstums in kürzester Zeit über die Klinge springen lassen“.[2]

Deichwächter gehen meilenweit für einen Grashalm

„Wir schützen, was wir lieben“, sagt der Volksmund, Grund genug die einmalige Rheinlandschaft vor Eingriffen zu schützen. Das vorliegende Buch will den Blick für die Schönheit der Natur schärfen. Denn darum ist es am Rhein so schön, besonders in Düsseldorf.

Düsseldorf, Oktober 2016

Richard Fuchs, Georg Kretzschmar

[1] Satzung für die Benutzung der Oberkasseler Rheinwiesen der Landeshauptstadt Düsseldorf vom 2. Dezember 1975 (Ddf. Amtsblatt Nr. 48 vom 06.12.1975).

[2] Günter Altner: Naturvergessenheit – Grundlagen einer umfassenden Bioethik, Darmstadt 1991.

Inhalt

Von Heerdt bis Lörick zehn Kilometer Landschaftsschutzgebiet

„Ein Leben wie im Paradies gewährt uns Vater Rhein“ heißt es in einem Trinklied. Das zeigt sich nicht nur entlang der romantischen Rheinlandschaft zwischen Mainz und Bonn, sondern ganz besonders in Düsseldorf. Hier umarmt der Rhein in majestätischen Schleifen die Stadt. Auf der linken Rheinseite zehn Kilometer Landschaftsschutzgebiet zwischen Heerdt und Lörick – ausgedehnte Wiesen auf denen Schafe weiden, dahinter die Kulisse der denkmalgeschützten Häuser von Ober- und Niederkassel. Diese so unverwechselbare Szenerie, die im ersten Jahrzehnt des vorigen Jahrhunderts entstand, war und ist nicht selten – wie im Vorwort bereits erwähnt – bedroht: durch die Olympiade-Bewerbung der Stadt 2003, Planung von Deichgaragen, eine weiteren Brücke für den ÖPNV, eine Fernwärmeleitung nach Heerdt und schließlich durch Großveranstaltungen. Wenn z. B. am Tag nach der großen Kirmes die tonnenschweren Laster die Rheinwiese verlassen, bietet sich ein Bild des Grauens. Was sonst dunkelgrün erscheint, ist nun hellgrün, gelb, zerfurcht und braun, mit Schotter bedeckt, Scherben übersät. Möwen und Ratten bemächtigen sich der letzten Speisereste. Das ist der Rest vom Schützenfest. Nicht selten dauert es viel zu lange, bis die Renaturierung beginnt.

In der Ende 1975 in Kraft getretene Rheinwiesensatzung heißt es u. a.: „Die Rheinwiesen dienen der Düsseldorfer Bevölkerung ausschließlich der Erholung. Veranstaltungen aller Art sind unzulässig...“

Als aus Anlass der Deichgaragen-Planung 1993 der gemeinnützige Natur- und Landschaftsschutz-Verein Deichwächter gegründet wurde, lautete die erste Forderung: „Stoppt die Zerstörung der Rheinwiesen!“ Seit dieser Zeit vor über 20 Jahren fühlt sich der Verein dem Natur- und Landschaftsschutz verpflichtet, wie es die Satzung formuliert: „Zweck des Vereins ist es, die Rheindeiche in Düsseldorf und Umgebung sowie ihr Vor- und Hinterland, insbesondere linksrheinisch, unter Gesichtspunkten des Umwelt- und Naturschutzes und der Landschaftspflege vor

Eingriffen zu schützen, welche die Eigenart und Schönheit der Natur und Landschaft und ihre Eignung als Erholungsraum für die Bevölkerung gefährden."

Die Erfolge der Proteste konnten sich sehen lassen: Ein neuer Gartenbaubetrieb sorgt seit 2003 fortan für eine halbwegs ordnungsgemäße Renaturierung der Rheinwiesen nach Beendigung der Kirmes. Die Rheinwiesen zwischen Heerdt und Lörick wurden, wie auch rechtsrheinische Auen, zum Landschaftsschutzgebiet erklärt. Denn Grün in der Stadt ist ein kostbares Gut – nicht nur eine Wohltat für das Auge (medizinisch begründet), sondern Sauerstoffspender, Staubfilter, Freizeit- und Erholungsbereich. Die Oberkasseler Rheinwiesen wie auch der Rheinpark rechtsrheinisch, zählen zu den „grünen Lungen" der Stadt. Gründungs- und Vorstandsmitglieder 1993 waren Ursel und Richard Fuchs, Dr. jur. Helmar Lang u.a.. Seit 2013 im Vorstamd: Georg Kretzschmar.

Das ist der Rest vom Schützenfest

Durch zunehmende Vernutzung der Rheinwiesen etwa durch zeitliche und räumliche Ausweitung der Kirmes inklusive der vielen Wochen dauernden Auf- und Abbauzeiten wie auch zusätzliche Großveranstaltungen droht immer wieder die Gefahr, dass das ökologische Gleichgewicht dieses wertvollen Stücks Natur nachhaltig zerstört wird. Damit ginge ein stadtnaher Freizeit- und Erholungsraum für alle Bürger Düsseldorfs verloren, der ohnehin mitten im Sommer mit Auf- und Abbau der Kirmes annähernd zwei Monate blockiert ist. Nach Angaben des Liegenschaftsamtes ist die Belastbarkeit der Rheinwiesen als Veranstaltungsfläche „unbegrenzt". Dieser Hinweis kann als Aufforderung zu einem hemmungslosen Verbrauch der Natur verstanden werden. Türöffner sind bereits Begriffsverschiebungen, wenn von „Festwiese" oder „befestigtem Veranstaltungsplatz" die Rede ist.

Grün und unersetzlich: ein Juwel für die Stadt am Strom

Ursel Fuchs über ihre Enkelin Laura Svea

Schon vom Kinderwagen aus hat Laura hier zum ersten Mal die Schäfchen gesehen. Wenig später haben ihre Puppen im Gras Gänseblümchen-Salat probiert. Als sie fünf war, klappte das Fahrradfahren, im Jahr darauf Drachen bauen – und steigen lassen, Rodeln am Deich, sogar Iglu-Bauen ist winterliche Kindheitserinnerung.

Dabei kommt sie von der anderen Rheinseite, wie so viele kleine und große Besucher der Rheinwiese, die Radler aus Wuppertal, die Skater aus Mettmann, selbst Kölner werden immer wieder gesichtet. Alle zieht das gleiche Phänomen an wie die Schausteller und Kirmesbesucher: ein gutes Stück Natur an der Bettkante von Vater Rhein, fußläufig erreichbar. Andere Anrainer würden sich die Finger lecken nach so einer Landschafts-Oase. Die dient eben nicht nur den linksrheinischen Halb-Insulanern als „Vorgarten", sondern der Gesamtbevölkerung einer Region. Und sie verhilft der Landeshauptstadt zum Ruf einer Stadt mit dem meisten Grün am Strom.

Dies ist ein Geschenk. Ein geologisches, ökologisches grasgrünes Geschenk. Und wir alle haben es, kostenlos und kostbar, zur Verfügung. Einfach so. „Danke" sagt dafür so recht niemand. Nicht die Stadt, die Unvergleichliches und Unwiederbringliches ihr Eigen nennt und es werblich nutzt. Nicht die Kirmesveranstalter, die sich goldene Nasen am grünen Paradies verdienen und es dann wie verbrannte Erde verlassen, wenn der Rummel vorbei ist. Das ist der Rest vom Schützenfest. Nicht die Grillfans und Autofahrer, die – ob zu Silvesterfeuerwerk oder Picknick – gnadenlos die Grasnarbe zerpflügen, da wächst – sprichwörtlich – kein Gras mehr.

Bis auf die spärlichen Hälmchen Schotterrasen, die Grün heucheln. Aber jedes Jahr aufs Neue heißt es: Grün kaputt. Und nur, weil schleichender Verlust durch Verschotterung so unmerklich fortschreitet wie – ja, wie ein Krebstumor – nehmen wir oft nicht wahr, welche langfristig irreparablen Folgen scheinbar kurzfristige Schäden setzen. „Sustainable development" heißt das Zauber verheißende Wort aus der globalen Umweltpolitik: nachhaltige Entwicklung also, und das heißt nichts weniger als: Wir dürfen nicht mehr verbrauchen, als ersetzbar ist.

Wenn Lauras Kinder – dann unsere 5. Generation auf den Oberkasseler Rheinwiesen – hier dereinst noch Freizeit genießen sollen, ist das große Innehalten überfällig. Die Rheinwiesensatzung sollte nachdrücklich zugunsten der Stadt und der Wiese verschärft bzw. modifiziert werden. Auto- und Eventkultur gehören in die Schranken. Sie sind unersättlich. Die Rheinwiesen sind unersetzlich.

Mutter Natur schmückt Vater Rhein!

Wiesenpracht am Rhein: „Man schützt, was man kennt“.

Eine Vielfalt an Wiesengräsern schmückt die Rheinwiesen und die Uferböschung am Deich. Gräser sind von jeher für uns Menschen eine Quelle künstlerischer wie auch technisch-biologischer Innovation. Denn sie sind der Ursprung weitergezüchteter Urformen unserer Getreidearten, wie wir sie heute kennen. Aus den Süßgräsern, deren Samen der Wind verteilte, entwickelten sich sieben Getreidearten, um in drei Gestaltungsformen die Körner zu sammeln, damit wir sie ernten und wieder aussäen können. Hafer, Reis und Hirse sammeln die Körner in Rispenform, der Mais hat die Kolbenform, Roggen, Weizen, Gerste haben sich in Ährenform gestaltet. So finden wir auch heute noch in allen Küchen der Welt als Basis der Ernährung von uns Menschen, irgendeine Getreidespeise mit Beilagen der Region.

Mit Gras fängt das Leben an

Grünes Gras bedeckt weite Teile der Erde. Über 600 Gattungen an Gräsern und 6000 einzelne Arten von ihnen wachsen rund um den Globus. Ihr Wurzelwerk schützt den Boden vor Erosion und Ausschwemmungen,festigt Deiche und Überschwemmungsgebiete in den Rheinauen. Wiesen mit ihrer Artenvielfalt an Gräsern und anderen Pflanzen dienen den Schafen als Weide. Nur Schafen – keinen anderen Nutztieren – ist das Weiden an und auf dem Deich gestattet, weil sie mit ihren Hufen den Boden verdichten das Gras kurz halten, dazu auch noch den Boden düngen.

Besonders liebe ich das Bild, wenn die Schafherde auf den Oberkasseler Rheinwiesen vor der Altstadt-Kulisse weidet. Welch ein Zauber geht im Sommer von den hohen Gräsern in ihrer Formenvielfalt aus, wenn der Wind mit ihnen spielt. Diese Gräser erfüllen einen großartigen biologischen Wandlungsprozess im Haushalt der Natur! Sie wandeln Luft, Wasser und Sonnenergie in Pflanzensubstanz um, von der Mensch und Tier leben. Photosynthese heißt die Fähigkeit kosmische Energie aufzufangen und in Form chemischer Energie in Kohlenhydrate einzulagern. Ein Wunder der Natur, die Energiequelle allen Lebens. Nur grüne Pflanzen kennen das Rezept, besitzen die Fähigkeit, die „autotroph“ (selbsternährend) genannt wird und unseren Energiehunger stillen hilft.

Diese Schönheit in Vielfalt mitten in einer Stadt, am Ufer eines großen Flusses ist Medizin für die Seele. Manchmal feiern wir auch ein Fest auf der Wiese, aber wir lassen sie nicht, wie auf manchen Plänen zu sehen, zum Begriff „Festplatz“ verkommen.
Feiern wir mit der Wiese, dann achten und beachten wir sie auch. Sie wird uns noch lange erfreuen, dafür wacht der Deichwächter Verein für alle Bürger dieser Stadt!

Georg Kretzschmar

Pflanzenpracht am Rhein in Oberkassel

Foto: Georg Kretzschmar

a) *Löwenzahn*, b) *gefleckte Wolfsmilch*, c) *Mäuse-Gerste*, d) *Spitzwegerich*

a) *Wicke*, b) Hahnenfußgewächs, c) *Frühlingshungerblümchen,* d) *Storchenschnabel*

Gräservielfalt auf den Oberkasseler Rheinwiesen

Foto: Georg Kretzschmar

a) *Knaulgras*, b) *Goldhafer*, c) *Storchenschnabel*, d) *Strandroggen*, e) *Wiesenfuchsschwanz*

a) *Goldhafer*, b) *Wiesenfuchsschwanz*, c) *Mäusegerste*, d) *Wiesen-Rispengras*, e) *Glatthafer*, f) *Weiche-Trespe*, g) *Quecke*

Steinreich – ungeahnte Funde am Ufer des Rheins

Foto: Georg Kretzschmar, aufgenommen unterhalb der Oberkasseler Rheinwiesen mit dem iPad

Lange bevor Schiffe auf dem Rhein verkehrten, Menschen und Güter bewegten, transportierte der Strom Pflanzen, Tiere und Steine aus weiter Ferne und zum Teil über Millionen von Jahren. Wer sich dem Rheinufer bei niedrigem Pegelstand nähert, begegnet dort einer faszinierenden Vielfalt an Rheinkieseln und -steinen in Form und Farbe, wie z. B. unterhalb der Rheinwiesen in Oberkassel. Ein wenig Glück muss man haben, sogar solche mit Fossilien zu finden, oder besondere Mineralien, Halbedelsteine wie Achate, Rheinkiesel aus der Familie der Flint- und Feuersteine mit ihren eigenwilligen Mustern, wie das Bild zeigt. Letztere stammen aus alten Ablagerungen der letzten Eiszeit an Mosel und Rhein. Ihnen werden heilende Kräfte für Nieren, die Nerven und auf den Hormonhaushalt des menschlichen Körpers zugeschrieben. [1] Wenn man Feuersteine aufeinander klopft, entstehen Funken mit denen leicht brennbares Material gezündet werden kann. Der besonderen Härte der Steine wegen benutzte man schon in der Steinzeit den scharfen Bruch der Steine für Werkzeuge und Pfeilspitzen.

„Rheingerölle" nennt der Geologe die abgerollten Rheinkiesl oder Kieselsteine zwischen denen zwar selten, aber dennoch sogar geringe Mengen Gold vorhanden sein könnten. „Rheinkiesel dürfen korrekterweise nur abgerollte Bergkristalle genannt werden, die aber nur ganz selten zu entdecken sind. Auch der Begriff Kieselsteine ist nicht korrekt, denn er resultiert von der sogenannten ‚Kieselsäure' SiO2, die das Material Quarz bildet. Neben den zahlreichen, meist weißen Quarzen finden sich aber sehr viele andere Gesteinsarten am Rheinufer." [2]

Fast alle diese Steine hat der Rhein mitgebracht und auf der langen Strecke gerundet. Dabei stellt sich die Frage: Wo haben die verschiedensten Geröllarten ihren Ursprung? Sie kommen aus vielen Nebenflüssen aus Deutschland: aus der Eifel, aus Mainfranken, aus dem Hunsrück, aus dem Schwarzwald, aus dem Siebengebirge, vom Laacher See, aus den Mosel-, Lahn- oder Sieggebieten. Zunächst die Nebenflüsse und dann der Rhein transportieren sie und lagern sie wieder ab. Warum nicht auch Geröll aus den Alpen? Das hätte das Spektrum erheblich erweitert. Es wird zwar von Vorder- und Hinterrhein zunächst bis zum Treffpunkt der beiden Quellflüsse bei Reichenau in der Schweiz transportiert, dann weiter vereint zum Norden entlang der wunderschönen Fahrradstrecke, bis es aber schließlich in dem großen „Sammelbecken" Bodensee versinkt. Und der gibt es nicht wieder her.

Liefergebiete der Steingerölle:

Quarzsandsteine mit Quarzbändern: Rheinisches Schiefergebirge (Eifel, Taunus, Hunsrück, Siegerland); **Taunusquarzit:** Taunus; **rote Bundsandsteine:** Mosel, Lahngebiet, Mainfranken, Schwarzwald, Vogesen; **braune und schwarze Quarzbrekzie:** Lokalisierung schwierig, Bildung als Fluss- oder Küstenschotter überall möglich. **Lydit (Kieselschiefer):** Frankenwald (Silur + Devon), Lahngebiet (Karbon); **Hornsteine:** Südschwarzwald; **Basalt, Trachyt, Latit:** Siebengebierge; **Laacher-See-Bims:** Laacher-See-Vulkan; **dunkelrote Eisenkiesel:** Lahn-Dill-Gebiete; **Melaphyre:** Saar-Nahe-Gebiete; **Achat SiO2:** z. B. die Vulkanite des Saar-Nahe-Gebietes; **Quarz SiO2:** überwiegend Rheinisches Schiefergebirge; **Granit:** Schwarzwald. [3]

---

[1] Das Große Lexikon der Heilsteine, Düfte und Kräuter, Neu-Ulm. 8. Auflage 2000, S. 119.
[2] http://www.steinkern.de/vermischtes/sonstige-berichte/779-rheingeroelle.html
[3] Ebd, S. 8-20, mit farbigen Abbildungen und Literaturhinweisen.

Landschaftsgesetz NRW – Landschaftsplan der Landeshauptstadt Düsseldorf

Das Landschaftsgesetz NRW, entsprechend auch der Landschaftsplan der Landeshauptstadt Düsseldorf kennt strenge Regeln. Lt. § 34 Abs. 2 LG sind „alle Handlungen verboten, die den Charakter des Gebietes verändern können oder dem besonderen Schutzzweck zuwider laufen“. Verboten ist das Errichten von „Baulichen Anlagen“ (...), das Aufstellen von Buden, Verkaufsständen oder Warenautomaten, das Fahren mit Kfz oder deren Aufstellung außerhalb der befestigten Fahrwege, das Aufstellen von Wohnwagen...“, das Anlegen von „Zelt- oder Campingplätzen, das Zelten und Lagern.“ Gemäß § 21 LG „werden Landschaftsschutzgebiete festgesetzt, soweit dies: a) zur Erhaltung oder Wiederherstellung der Leistungsfähigkeit des Naturhaushaltes oder der Nutzungsfähigkeit der Naturgüter, b) wegen der Vielfalt, Eigenart oder Schönheit des Landschaftsbildes oder c) wegen ihrer besonderen Bedeutung für die Erholung erforderlich ist.“

Natur- und Landschaftsschutzgebiete der Landeshauptstadt Düsseldorf

Unter dem Motto „rheinverbunden“ stellte die Bezirksvertretung 4 im Jahre 2014 durch den Grünordnungsplan das Landschaftsschutzgebiet entlang der linksrheinischen Stadtteile Heerdt, Ober-, Niederkassel und Lörick als Erholungsfläche für die Bürger unter besonderen Schutz.

Naturschutzgebiete: „Rahmer Benden“, „Hubbelrather Bachtal“, „Rotthäuser Bachtal“, „Tongruben am Ratinger Weg“, „Eller Forst“, „Dreicksweiher“, „Urdenbacher Kämpe.“

Landschaftsschutzgebiete: „Rheinpark“, „Rheinauen“, „Lantz'scher Park“, „Heltorfer Mark“, „Dickenbusch“, „Angeraue“, „Angermunder Kiesseen“, „Kiessee im Kalkumer Forst“, „Schwarzbachaue“, „Zeppenheimer Kiesseen“, „Aaper Wald“, „Hauptterrasse“, „Gerresheimer Höhen“, „Düsselaue“, „Unterbacher Höhen“, „Eller Forst“, „Schlosspark Eller“, „Unterbacher See“, „Garath, Hellerhof“, „Garather Mühlenbach“, „Zentraldeponie Hubbelrath.“

Damit nicht genug. Das Düsseldorfer Gartenamt ist verantwortlich für die Pflege von 220 Parks und Grünanlagen. Der Etat für Rasenmähen, Bäume beschneiden, Blumen pflanzen, usw., beträgt rund 22 Millionen Euro davon entfallen 9,7 Millionen auf die Pflege von Parks und Grünanlagen. Für die Pflege und den Erhalt der 416 Spielplätze werden 3,9 Millionen Euro gezahlt, 850.000 für die Einrichtung neuer Spielplätze und Ankauf von neuen Geräten. (Stand 2013)

Baumblüte in den Streuobstwiesen Urdenbacher Kämpe

NRW Stiftung kauft 400 Hektar Naturschutzgebiet Urdenbacher Kämpe

Nicht alle Anrainer am Rhein verfügen über so weitläufige Überschwemmungsgebiete wie Düsseldorf, für den Fall, dass Vater Rhein sein Bett verlässt. Dank der ausgedehnten Wald- und Wiesenflächen wie die Urdenbacher Kämpe, der Himmelgeister Rheinbogen, die Rheinauen, u. a. zwischen Heerdt und Lörick, wie auch die Ölganginsel gegenüber Heerdt, bleibt Düsseldorf weitestgehend von Hochwasser verschont. Dabei erfüllen die ausgedehnten Flächen nicht nur die Aufgabe viel Wasser aufzunehmen, sondern bieten als Natur- oder Landschaftsschutzgebiet der Vielfalt von Flora und Fauna einen ungestörten Raum der Entfaltung. Wer zu Fuß oder per Fahrrad die Urdenbacher Kämpe zwischen Düsseldorf und Monheim erkundet, erlebt dort in einer der letzten nicht eingedeichten Flussauen ein unvergessenes Landschaftsbild: mit Auenwäldern, artenreichen Feucht- und Mähwiesen mit 30 verschiedenen Pflanzenarten, Obstbäumen, Hecken und Kopfweiden. Besonders Ende April bieten die Obstbäume für den Besucher eine unvergessene Blütenbracht. Möglich wird die typische Auenvegetation durch regelmäßige Überflutungen. Dort wo die Natur besonders geschützt wird, siedeln auch zahlreiche besondere Vogelarten wie Pirol und Eisvogel, manchmal auch der Schwarzmilan und Wachtelkönig.

Um die wertvolle Auenlandschaft zu sichern, hat die NRW-Stiftung 150 Hektar Land in dem rund 400 Hektar großen Naturschutzgebiet Urdenbacher Kämpe erworben. Ein besonderes Anliegen der Stiftung ist Naturschutz und Naherholung verträglich miteinander zu verbinden. Dabei eröffnen zahlreiche Wanderwege die Möglichkeit, das naturnahe Erleben der Landschaft, ohne die

Natur in empfindlichen Bereichen zu stören. Zu dem erworbenen Gelände zählen besonders die Streuobstwiesen mit einer Vielfalt traditioneller Apfel- und Birnensorten. Nach fachkundiger Untersuchung wurden rund 50 alte, regionale Obstsorten entdeckt, die beinahe in Vergessenheit geraten wären. Probieren kann man das Obst auch.
Die biologische Station Haus Bürgel im Zentrum der Rheinaue Urdenbacher Kämpe lädt jedes Jahr Familien und Kindergruppen zum Ernten und Saftpressen ein, bietet Kurse zur Sortenbestimmung und zum Obstbaumschnitt.[3]

Nicht genug damit, auf der Hochzeitswiese bietet das Gartenamt frisch vermählten Paaren ihren persönlichen Birn- oder Apfelbaum zu pflanzen. Zwölf Paare machten im Frühjahr 2016 davon Gebrauch und konnten unter sieben historischen Apfel- und Birnensorten auswählen.[4] Etwas Geduld müssen die Ehepaare allerdings haben, wenn erst in zehn Jahren die ersten Früchte geerntet werden. So lange sollte die Ehe schon einmal halten.

[3] Vgl. Haus Bürgel und die Urdenbacher Kämpe. Prospekt der NRW-Stiftung, 2010.
[4] Stefanie Thrun: Obstbäume auf der Hochzeitswiese, in: Rheinische Post, 25.04.2016.

Seltene Graureiher-Kolonie im Naturschutzgebiet Ölganginsel

Schaut der Spaziergänger auf den mit Platanen gesäumten Deich-Wegen in Heerdt hinüber auf die andere Seite, erblickt er zwischen Rhein und der Hafeneinfahrt Neuss die „Ölganginsel", ein seit 1977 unter Naturschutz gestelltes unberührtes Paradies für Flora und Fauna. Mit 57 Hektar, 1,2 km Länge und 600 Meter Breite erstreckt sich die Halbinsel von Neuss, Nähe Südbrücke bis zur Landzunge gegenüber Heerdt. Die eher ungewöhnliche Bezeichnung „Ölganginsel" soll vom Aalfang herrühren, der früher dort betrieben wurde.

Wer sich dem seit 1977 unter Naturschutz stehenden Gebiet beispielsweise per Rad nähern will, gelangt von Düsseldorf aus über die Südbrücke ans linksrheinische Ufer, um dann ein Stück weit auf dem Deich Richtung Norden zu fahren. Wer aber die Naturschönheit näher erkunden und erleben möchte, wird durch Schilder darüber aufgeklärt, dass dies nicht erlaubt sei, entgegen manchen Ausflugs-Empfehlungen im Internet. Nur mit einer Sondergenehmigung der Stadt Neuss ist eine Exkursion in die unberührte Auenlandschaft möglich.

Ursprünglich wäre das Stück Natur ohnehin nur per Boot erreichbar gewesen. Denn erst seit dem 19. Jahrhundert ist die ursprüngliche Insel durch Dämme mit dem Ufer verbunden. Danach verlandete der Seitenarm des Rheins. Nur bei Hochwasser durchfließt der Rhein noch die Halbinsel und bietet damit neben anderen ausgedehnten Flächen auf Düsseldorfer Gebiet ebenfalls eine ausgedehnte Überschwemmungsfläche. 1966 wurde die Halbinsel mit verschiedenen Hybridpappeln aufgeforstet und neben den insgesamt 231 Pflanzenarten dem natürlichen Wuchs überlassen. Seit den 1990er Jahren gibt es nicht nur Überlegungen, sondern auch Initiativen, den verlandeten Rheinarm zu renaturieren, damit die Halbinsel wieder zu einer wirklichen Insel wird und sich die alte Rinne des Rheinarms wieder mit Wasser füllt.

Pfingstmontag, den 09. Juni 2014

Umgestürzte Bäume auf den Oberkasseler Rheinwiesen – ein schwerwiegender Verlust. Keine Neubepflanzung mehr.

Sturmtief „Ela" – eine Schadensbilanz

Als Pfingstmontag, den 09. Juni 2014, das Sturmtief „Ela" mit Starkregenfällen NRW heimsuchte, erschreckte erst am nächsten Morgen das ganze Ausmaß der Verwüstung. Besonders Düsseldorf war betroffen: Straßen waren durch umgestürzte Bäume nicht mehr passierbar, unzählige Autos unter Bäumen begraben. Der Hofgarten, Parks, Friedhöfe durften nicht mehr betreten werden. Schöne alte Bäume auf den Rheinwiesen und gegenüber im Rheinpark stürzten um, auch Pappeln auf dem Löricker Deich waren stark beschädigt, aber sie standen zum größten Teil noch und wurden beschnitten.

Die von der Düsseldorfer Stadtverwaltung erhobene Schadensbilanz: 22.500 der insgesamt 69.000 Straßenbäume waren stark beschädigt, 2.500 von ihnen umgestürzt. Sturmtief „Ela" machte auch nicht vor Landschaftsschutzgebieten oder dem Grafenberger Wald halt. Besonders standhaft erwiesen sich die Platanen an den Ringen in Oberkassel und am gegenüber liegenden Rheinufer. Keine fiel dem Sturmtief zum Opfer. Die Deichwächter hatten sich für eine Baumspende auf den Rheinwiesen gegenüber dem Gartenamt bereit erklärt. Doch die Bezirksregierung Düsseldorf entschied: keine Neubepflanzungen mehr im Überschwemmungsgebiet und auf den Deichen.

Inzwischen konnten 30 bis 45 Prozent der Lücken in Parkanlagen und an Straßen durch Neuanpflanzungen wieder geschlossen werden, nicht zuletzt auch durch Spenden.

Viele Düsseldorfer schmerzt der Blick auf die verwüsteten Rheinwiesen

Kirmes-Architekt freut sich über umgestürzte Bäume

Düsseldorf – Schwer zu glauben, dass auf den verwüsteten Rheinwiesen in knapp einem Monat gefeiert werden soll: Vom 11. bis 20. Juli findet dort die 113. Auflage der Rheinkirmes statt.

Bei der Präsentation gestern sorgte Kirmes-Architekt Thomas König (49) für einen Eklat. König freute sich über die vom Sturm entwurzelten Bäume, sagte: „Für uns bedeutet das größere Gestaltungsmöglichkeiten." Das Fahrgeschäft „Alex Aiport" hätte vor dem Sturm beispielsweise wegen eines Baums um fünf Meter umplatziert werden sollen. König: „So ein Problem haben wir die nächsten 10 Jahre erst mal nicht mehr."

Kirmes-Architekt Thomas König sorgte mit seiner Aussage für Aufregung

Drei Viertel der Bäume haben die Rheinwiesen verloren. Die Aufräumarbeiten laufen auf Hochtouren, damit am Montag die Aufbauarbeiten zur Kirmes starten können. 350 Schausteller kommen, bringen viele neue Fahrgeschäfte mit. Wegen der WM sollen außerdem überall Leinwände aufgestellt werden. *mv/ber*

Artikel aus BILD vom 12. Juni 2014

Auf dem Löricker Deich nach dem Sturmtief „Ela". Pappelholz, soweit das Auge reicht.

Löricker Bad: 100.000 Quadratmeter Liegeflächen im Naturschutzgebiet

Eingebettet inmitten einer grünen Landschaft, zwischen dem Rhein und dem Löricker Deich, lockt längs des alten Paradieshafens eins der schönsten Strandbäder Düsseldorfs. Mit dem Bau der Anlage und dem benachbarten Yachthafen wurde im Rahmen von Arbeitsbeschaffungsmaßnahmen bereits 1941 begonnen. Nach einer Unterbrechung 1944 kam es letztlich nach dem Krieg 1961 zur Eröffnung des ersten Freibades. Der See war mit Stegen und Balken zum Schwimmbecken geworden und im Eingangsbereich gab es Service- und Umkleideräume. Der See hatte und hat eine Verbindung zum angrenzenden Yachthafen, der ebenfalls 1944 seinen Anfang nahm. Obwohl das Bad von der Bevölkerung gut angenommen wurde, war das Glück von nur kurzer Dauer. Die etwas überstürzte Planung hatte die stark wechselnden Pegelstände des Rheins übersehen, wie auch die zunehmende Verschmutzung. Da die Wasserqualität nicht mehr zum Schwimmen geeignet war, wurde das Baden 1965 wieder verboten, was jedoch niemand daran hinderte, das nun frei zugängliche Gelände zumindest zum Sonnenbaden – vielleicht auch zum Schwimmen – zu nutzen.

Erst mit dem Bau der Becken und der Neueröffnung 1971, konnte das Freibad mit 100.000 qm großer Liegewiese, z. T. unter Bäumen, dem großen 8-Bahnen-Becken, 50 x 23 Meter messend plus 2 weiterer Becken, wieder eröffnet werden. Das große Becken ist mit Startblöcken und einem 1-Meter-Brett ausgestattet, ein weiteres Becken für Anfänger beginnt kniehoch und wird zum anderen Ende immer tiefer. Für Frühaufsteher ist das Bad von montags bis freitags ab 6 Uhr geöffnet und schließt abends um 21 Uhr. Die Öffnungszeiten am Samstag sind von 9 bis 20 Uhr. Auch die Anfahrt mit dem Fahrrad auf dem Niederkasseler Rheindeich ist bereits ein besonderer Genuss. Wer aus größerer Entfernung mit dem Auto kommt, für den steht ganz in der Nähe ein riesiger Parkplatz zur Verfügung. Außerhalb des umzäunten Geländes laden zwei Restaurants zum Verweilen ein: „Club del Sol" und „Sonnendeck".

Das Löricker Strandbad zählt zu den schönsten, größten und attraktivsten in Düsseldorf. Der vom Rhein gespeiste See und die umgebende Landschaft stehen unter Naturschutz.

Löricker Freibad / Schwimmbad.

Mit den Rädern zum Löricker Schwimmbad. Die Pappelallee mit gestutzten Zweigen ist fast so schön grün wie vor dem Wirbelsturm.

Herdentrieb und Schäferstündchen – Schafe als Naturschützer

In welcher Großstadt erlebt man das schon: Schafe mitten in der Stadt vor der Tür auf den Rheinwiesen und auch viele Jahre einen Schäfer. Gerhard Siegfried (1937-2015), den Schäfer mit seinen Hütehunden, kannten die Spaziergänger, vor allem die Kinder. Besonders wenn die Osterlämmer zu sehen sind, freuen sich Eltern mit ihren Kindern über das Familienleben der wolligen Vierbeiner. Immer wieder reizte es Fotografen das Original zu fotografieren. So wurde Siegfried wider Willen und unversehens zum Shootingstar für Presse und sogar für die Werbung.

Als Schäfer Siegfried mit 65 Jahren in Rente ging, war er schon 35 Jahre bei Wind und Wetter auf den Rheinwiesen unterwegs. Als die Deichwächter ihn aus Anlass seines Geburtstages für eine Presseinformation fragten, wie er sich sein weiteres Leben vorstellen würde, antwortete er: Seine Schafe seien sein Ein und Alles. Wie sein Vater würde er gerne inmitten der Schafherde einschlafen und – wenn seine Stunde gekommen sei – so sterben.

Die Deichwächter gratulierten ihm mit einem gebackenen Schaf von der Hercules-Bäckerei. Seine Rente war ihm zwar sicher, aber er dachte noch nicht an seinen Ruhestand. Noch immer zog er mit seinen 800 Schafen über die Rheinauen zwischen Lörick und Heerdt. Nicht selten ließ er sich auf der Böschung nieder, trank sein Bier und genoss den Blick auf den Rhein. Hirten-Romantik ist aber nur ein Teil des Berufs. Bei Wind und Wetter, sengender Sonne und Hitze, prasselnden Regen, sorgt der Schäfer für Nahrung und Gesundheit der Schafe, die eigene Gesundheit aber litt. Was ihn besonders ärgerte war Müll, den Spaziergänger und Partygäste hinterließen, vor allem auch freilaufende Hunde, die die Herde auseinander trieben. Nicht zuletzt der vielen Hunde wegen, sind die Schafe seit langem eingepfercht und so vor Angriffen geschützt – so der Besitzer der Herde Albert Görsmeyer.

Der Schäferberuf zählt zu den ältesten Berufen der Menschheit. Er ist heute im Rahmen der dreijährigen Ausbildung zum Tierwirt ein anerkannter Ausbildungsberuf. Für Schäfer Siegfried hatte der Hirtenberuf Tradition. Schon sein Großvater hütete auf Thüringens Weiden Schafe. Nach dem Zweiten Weltkrieg zog es die Familie ins Elsass. Dort ging der junge Gerhard beim Vater in die Lehre. Anschließend begann die Wanderschaft, und er blieb zunächst in der Lüneburger Heide, der Heimat der Heidschnucken. Über Köln kam der Schäfer schließlich nach Düsseldorf. In der Knittkuhl heuerte er im Gut Grüters Aap an.

Gerhard Siegfried, der Oberkasseler Schäfer mit seinen zwei treuen Hunden, war ein Original. Etwas rustikal und wortkarg, gehörte er zu den Rheinwiesen und dem Stadtteil. Es war nicht leicht für ihn, seinen Wohnsitz, vom Wohnwagen in freier Natur, ins Altersheim zu wechseln.

Schattenspende jenseits der Kniebrücke.

Schafe: Natur- und Landschafts-Schützer

Schafe zählen seit Jahrtausenden zu den bedeutendsten Haustieren. Mit mehr als einer Milliarde weltweit wird die Zahl der Schafe nur noch von der Zahl der Rinder übertroffen. Die Beliebtheit hat verschiedene Ursachen. Schafe liefern Wolle als Rohstoff für gesunde und wärmende Kleidung, Teppiche und vieles mehr, Felle und Pelze, Milch, aus der man Schafskäse herstellt und schließlich Lammfleisch. Das erklärt weltweit die Beliebtheit des Schafes, weil es für viele Familien die Existenz sichert, die Menschen ernährt.

Keine Wanderschäfer ohne Hütehunde

Seine Hunde lagen Siegfried zu Füßen, wenn er sich auf dem Deich nieder ließ. Sie liefen neben seinem Fahrrad her, wenn er nach Feierabend in seinen Wohnwagen im Schrebergarten an der Theodor-Heuss-Brücke schlafen ging. Man konnte sie streicheln. Wenn sie aber zum Hüten gefordert waren, folgten sie aufs Wort und liefen zu Hochformen auf. Diese Fähigkeit kann man nicht erziehen, sie muss angeboren sein, wie auch die Wetterhärte, um bei jedem Wetter einsatzbereit zu sein.

Die schönen Rheinwiesen Sind ihre Jahre gezählt?

Von STEFANIE REHKER

Düsseldorf – Unsere herrlichen Rheinwiesen – Erholungs- und Naturschutzgebiet, Schutzzone bei Hochwasser. „Aber wir fürchten, dass es sie in ein paar Jahren nicht mehr gibt. Und die Stadtverwaltung ist schuld", wettert Dr. Helmar Lang (63) von der Bürgerinitiative „Deichwächter" (60 Mitglieder).

„Am Rhein wächst bald kein Grashalm mehr", schimpft er. „Nach jeder Veranstaltung gibt es tiefe Furchen. Die werden einfach mit Schotter aufgefüllt."

Die Deichwächter warnen davor, noch mehr Veranstaltungen nach Oberkassel zu holen, die Kirmes auf 16 Tage auszuweiten. Dr. Lang: „In der Rheinwiesen-Satzung steht, dass Veranstaltungen unzulässig sind. Es gibt Ausnahmen – und die nutzt die Stadt immer mehr aus. Nächstes Jahr sollen noch zwei Events dazukommen – Brücken- und Japan-Fest. Dann steht die Natur vor dem Aus."

Laut Stadtverwaltung sei für neuen Rasen kein Geld da. „Kein Wunder", meint Dr. Lang. „Denn sie kassiert gerade 60000 Mark Kirmes-Pacht vom Schützenverein. Heisst: Die 350 Schausteller würden demnach nichtmal 20 Mark pro Tag zahlen..."

Die Deichwächter schreiben jetzt alle Ratsmitglieder an, wollen gegen weitere Veranstaltungen auf den Rheinwiesen kämpfen.

Schäfer Gerd Siegfried mit Hütehund Leo und „Deichwächter" Richard Fuchs. Die Männer fordern von der Stadt, auf den Rheinwiesen wieder mehr Rasen anzulegen. Foto: CONNIE LEHMANN

BILD vom 08. September 1999 „Mehr Rasen für die Schafe."

Bild DÜSSELDORF

NACHRICHTEN AUS DER LANDESHAUPTSTADT UND VOM NIEDERRHEIN — 6. August 2002 • BILD • Seite 3

Rhein-Schäfer Siegfried feiert 65. Geburtstag

Auch ein schwarzes Schaf war unter den Gratulanten – zum Geburtstag blieb es aber ganz lieb

Herzlichen Glückwunsch! Rheinwiesen-Schäfer Gerhard Siegfried feierte 65. Geburtstag – natürlich mit seinen 800 ständigen Begleitern Foto: OLAF DÖRING

Aber in Rente gehen will er nicht

Von ULRICH ALTMANN

Düsseldorf – **Happy Birthday, Gerhard!** Er gehört zu Düsseldorf wie Schloßturm oder Jan-Wellem: Gerhard Siegfried, der Oberkasseler Schäfer.

Mit 800 Schafen zieht er bei Wind und Wetter am Rhein entlang. Gestern hatte Gerhard Geburtstag, wurde 65 Jahre. Als erste gratulierten die Deichwächter – mit einem Kuchen-Schaf.

Von Frühjahr bis tief in den Herbst – und das schon über 30 Jahre – zieht Gerhard mit seiner Herde über die Rhein-Wiesen. Seine treuesten Helfer sind Rex und Karo, die Hütehunde. Gerhard: „Sie halten nicht nur die Herde zusammen, Sie schützen sie auch." Immerhin zwei bis drei Tiere verliert er jedes Jahr durch den Angriff fremder Hunde.

Hat der Herr über 800 Tiere eigentlich ein Lieblings-Schaf? Gerhard: „Natürlich. Es gibt immer wieder besondere Tiere. Im letzten Jahr war es eine Mutter, die ihr Lämmchen immer auf dem Rücken trug."

Ans Aufhören denkt Siegfried nicht. „Ich möchte so lange arbeiten wie mein Vater. Irgendwann fühlte er sich unwohl. Breitete seinen Mantel mitten in der Herde aus, legte sich darauf – und schlief friedlich ein."

Schäfer Siegfried wird 65

BILD vom 06. August 2002 „Deichwächter schenken ein Schaf."

„Deichwächter" erinnern an ein Original

Schäfer Siegfried ist tot

Bereits Ende des vergangenen Jahres ist er gestorben: Schäfer Siegfried von den Rheinwiesen. Die „Deichwächter" erinnern an ein Original.

„Gerhard Siegfried mit seinen Hütehunden kannten die Spaziergänger, vor allem die Kinder. Besonders wenn die Osterlämmer zu sehen sind, freuen sich Eltern mit ihren Kindern über das Familienleben der wolligen Vierbeiner. In welcher Großstadt erlebt man das schon: Schafe mitten in der Stadt auf den Rheinwiesen und auch viele Jahre einen Schäfer. Immer wieder reizte es Fotografen das Original zu fotografieren. So wurde Siegfried wider Willen und unversehens zum Shootingstar für Presse und sogar für die Werbung", schreiben Richard Fuchs und Georg Kretzschmar für den Vorstand des Natur- und Landschaftsschutz-Vereins „Deichwächter e.V.".

Als Schäfer Siegfried mit 65 Jahren in Rente ging, war er schon 35 Jahre bei Wind und Wetter auf den Rheinwiesen unterwegs. Als die Deichwächter ihn aus Anlass seines Geburtstages für eine Presseinformation interviewten, fragten sie ihn, wie er sich sein weiteres Leben vorstellen würde, antwortete er. Seine Schafe seien sein Ein und Alles. Wie sein Vater würde er gerne inmitten der Schafherde einschlafen – wenn seine Stunde gekommen ist – so sterben. Aber es kam anders.

Die Deichwächter gratulierten ihm damals mit einem gebackenen Schaf von der Herkules-Bäckerei. Seine Rente war ihm zu dieser Zeit zwar sicher, aber er dachte noch nicht an seinen Ruhestand. Noch immer zog er mit seinen 800 Schafen über die Rheinauen zwischen Lörick und Heerdt. Nicht selten ließ er sich auf der Böschung nieder, trank sein Bier und genoss den Blick auf den Rhein. Hirten-Romantik ist aber nur ein Teil des Berufs.

Bei Wind und Wetter, sengender Sonne und Hitze, prasselnden Regen, sorgt der Schäfer für Nahrung und Gesundheit der Schafe, die eigene Gesundheit aber litt. Was ihn besonders ärgerte, war der Müll, den Spaziergänger und Partygäste hinterließen. Auch freilaufende Hunde, die die Herde auseinander trieben.

Für Schäfer Siegfried hatte der Hirtenberuf Tradition. Schon sein Großvater hütete auf Thüringens Weiden Schafe. Nach dem Zweiten Weltkrieg zog es die Familie ins Elsass. Dort ging der junge Gerhard beim Vater in die Lehre.

Anschließend begann die Wanderschaft, und er blieb zunächst in der Lüneburger Heide, der Heimat der Heidschnucken. Über Köln kam der Schäfer Siegfried schließlich nach Düsseldorf. In der Knittkuhl heuerte er im Gut Grüters Aap an.

Gerhard Siegfried, der Oberkasseler Schäfer mit seinen zwei treuen Hunden, war ein Original. Etwas rustikal und wortkarg, gehörte er zu den Rheinwiesen und dem Stadtteil. Es war nicht leicht für ihn, seinen Wohnsitz vom Wohnwagen in freier Natur ins Altersheim zu wechseln.

Sein Lebens-Ende verbrachte er in einem Pflegeheim des DRK.

Richard Fuchs besuchte ihn einige Male, brachte ihm Fotos aus alten Tagen auf den Rheinwiesen, die dann die Wände des großzügigen Einzelzimmers zierten. „Trotz zunehmender Demenz war es für ihn ein Erlebnis", so Fuchs.

„Der Oberkasseler" vom 27. Januar 2016

Franz Görten – ein Schäferhund war sein Schicksal

Jahrzehnte lang hütete Franz Görten bei Wind und Wetter seine stattliche Schafherde. Sein Revier auf dem Deichvorland lag jenseits der Düsseldorfer Grenzen Richtung Meerbusch/Büderich. Nach Feierabend fuhr er mit seinem alten Opel Kadett nach Hause in das einsame kleine Bauernhaus inmitten der Felder, nachdem seine Schafe für die Nacht eingepfercht waren. Dort, „In der Issel" – so die Bezeichnung des befestigten Feldweges – wartete auf ihn seine alte Mutter. Zuweilen übernahm auch sie das Hüten der Schafe. In dem kleinen Garten hinter dem Haus, sogar selbst im Hausflur, standen manchmal ein paar besondere Exemplare der Schafe. Auf die Frage des Ehepaars Fuchs, ob sie besondere Lieblingsschafe habe, antwortete sie: Ein besonderes Erlebnis für sie sei es eher, jeden Tag den Anblick des friedlichen Bildes der ganzen Schafsherde zu genießen. Denn Mutter Gertrud Görten begleitete oft ihren Sohn – so auch, an dem Tag, als das Schicksal seinen Lauf nahm. Es sollte der Anfang vom Ende eines passionierten Schäferlebens sein. Konflikte mit Hunden kannte Franz Görten bereits zur Genüge, wie im Übrigen andere Schäfer auch.

Auf dem schönen Deich-Geh- und Fahrradweg entlang des Rheins schritt inzwischen eine Frau mit Schäferhund. Ihr Hund war nicht angeleint. Sobald dieser die Schafherde erblickte, raste er los und riss mit tödlichem Biss drei der dort weidenden Schafe. Das konnte der entsetzte Schäfer ganz und gar nicht nicht hinnehmen. Abgesehen von der brutalen Attacke, handelte es sich bei dem Angriff schließlich auch um einen deutlichen wirtschaftlichen Schaden. Was lag da näher, als die Personalien der Hundehalterin zu verlangen, um ihr gegenüber finanzielle Forderungen geltend machen zu können, andererseits auch eine Strafanzeige zu stellen. Dieser Versuch scheiterte aber. Als Reaktion auf die Forderung des Schäfers, zeigte die Frau ihm den „Vogel" und eilte davon, Richtung Mönchenwerth. Dort hatte sie vermutlich ihr Auto geparkt.

Über das erschreckende Verhalten erbost, setzte sich Franz Görten in seinen alten Opel und versuchte auf dem Deich die Frau zu verfolgen. Seine Aufregung war nicht zu übersehen. Da geschah es. Kaum den Radweg erreicht, ereilte ihn ein Herzinfarkt. Das Fahrzeug – jetzt ohne Kontrolle – rollte führerlos wieder die Böschung hinunter und prallte gegen einen Baum. Zu dem Herzinfarkt nun auch noch eine Schädelhirntrauma. Franz Görten fiel in ein Wachkoma und lag von nun an zu Hause sieben lange Jahre in seinem Bett bis er starb. Er wachte nicht mehr auf. Der Name der für das harte Schicksal verantwortlichen Frau wurde nie ermittelt. Gemeinsam mit einem Pflegedienst übernahm nun die alte Frau die Betreuung ihres einzigen Sohnes. Sie starb 2014. Wanderschäfer Franz Eikermann aus Gangelt übernahm die Schafe nach dem Tod von Gertrud Görten, später auch ihr Haus.

Moorschnucken auf dem Deich bei Büderich

Liebe zu Lamm und Landschaft: Nadin Peiffer, die schöne Schäferin, hütet die Moorschnucken von Franz Eikermann.

Franz Eikermann nahm nach dem tragischen Unfall und späterem Tod des Büdericher Schäfers Franz Görten von dessen Mutter die Schafe in Betreuung und pachtete auch das Weideland am Rhein in Büderich. Damit leistet er mit seinen Schafen einen wichtigen Beitrag zur Erhaltung der Rheinauen und Deiche, denn die würden schneller verwildern und zuwachsen. Jedes Schaf frisst täglich rund acht Kilogramm Gras. Die Schafe düngen nicht nur das Gras, sondern halten es auch auf den Weideflächen kurz.

Franz Eikermann mit Heimatsitz in Gangelt, ist im Besitz mehrerer Herden, die von verschiedenen Schäfern gehütet werden. Er ist Schäfer aus Leidenschaft und liebt seinen Beruf, der bereits in der fünften Familiengeneration ausgeübt wird. Potentielle Nachfolger in der Familie gibt es auch. Für Aussteiger ist der Beruf ungeeignet, sagt er, weil es ein Knochenjob ist, der nur der auf sich nimmt, dem es Spaß macht und dessen Familie zur Seite steht. Seit den letzten 20 Jahren haben deshalb viele Schäfer aufgegeben. Erschwert wird der Beruf auch durch immer neue EU-Verordnungen.

Lörick: 16.000 Sportler und Betreuer suchten ein Zuhause

Alte Häuser in Lörick „Am Krummen Weg“ tragen noch immer die Namen der alteingesessenen Familien. Sie erinnern in ihrer typischen Ziegelbauweise an die landwirtschaftliche Vergangenheit des früheren Dorfes. Mit einachsigen Pferdekarren und Fähre über den Rhein lieferten die Bauern ihre landwirtschaftlichen Produkte auf den Markt jenseits des Stroms. Neben Ackerbau und Viehwirtschaft bot einst das linksrheinische Vorland weitere Einnahmequellen wie die Treidelschifffahrt mit Knechten und Pferden, die Rheinfischerei und die Ziegeleien.

Der aus Niederkassel stammende Johann Vossen nutzte gemeinsam mit seinem Nachbarn Fausten die ergiebigen Lehmvorkommen für seine private Ziegelei. Wasser für gewerbliche Zwecke lieferte der Rhein, für den Haushalt das Grundwasser, das hochgepumpt wurde. Davon zeugt noch die letzte Löricker Pumpe vor Grotjans Haus, dem Stammhaus einer seit Jahrhunderten dort beheimateten Familie. In der fünften Generation bewirtschaftet die Familie Arnold Grotjans ihre Landwirtschaft. Noch heute versorgen etliche Betriebe stadtnah den Groß- und Einzelhandel mit landwirtschaftlichen Produkten oder als Direktvermarkter Endverbraucher mit Obst, Gemüse, Salat und Kräutern.

Das alles sollte der Vergangenheit angehören, wenn das Schicksal seinen Lauf genommen hätte. Ein Olympisches Dorf für 16.000 Menschen war für die Olympiade 2012 geplant und dafür sollten linksrheinische Landschaftsschutzgebiete, wie auch landwirtschaftlich genutzte Flächen in Anspruch genommen werden, so der Plan, wie er in der Bezirksvertretung 4 am 27.02.2002 vorgestellt wurde (s. Chronik der Deichwächter).

Eine Protestbewegung formierte sich und machte am 28.02.2002 in einem überfüllten Gemeindesaal der Philippus-Kirche mit rund 400 Besuchern auf das ganze Ausmaß der drohenden gigantischen Zerstörung von Natur, Landschaft, Landwirtschaft wie urbaner Infrastruktur aufmerksam. Um die Protestfront zu beruhigen, griffen die Veranstalter der Stadt zu einem Trick, indem sie das bisherige Plangebiet von 40 Hektar in Lörick auf weitere 90 Hektar u. a. Richtung Büderich erweiterten: ein Wasserschutzgebiet, Landschafts- und Naturschutzgebiete, Gewerbeflächen mit 70 Kleinunternehmen und deren ca. 750 Arbeitnehmer sollten einbezogen werden. Dabei war den Planern von Stadt und Land entgangen, dass die zusätzlichen Flächen aufgrund verschiedener rechtlicher Hindernisse ebenso wenig zur Verfügung stehen würden, wie auch die Flächen im Kerngebiet. Langjährige Enteignungsverfahren gegenüber unterschiedlichen Grundstückseignern, hätten den Termin 2012 ins Wanken bringen können. Auch ein 500.000 Euro teures sogenanntes ***Werkstattverfahren*** konnte die Bevölkerung nicht beruhigen. Es war nicht das erste Mal, dass Politik und Verwaltung der Stadt Düsseldorf Projekte plante, deren Sinnhaftigkeit nicht nachvollziehbar war.

Getrickst wurde auch mit Zahlen. Mit ihrem Schreiben vom 06.03.2003 an den Präsidenten des NOK Dr. Klaus Steinbach, machte das Aktionsbündnis darauf aufmerksam, dass Düsseldorf mit falschen Zahlen hantiert. Nach einer genauen Analyse der Bewerbungsunterlagen sei festzustellen, dass die Gesamtkosten für die Ausrichtung der Olympischen Spiele 2012 auf insgesamt 3.950 Mrd. Euro belaufen würden. Der damalige OB Erwin und die Düsseldorf Rhein-Ruhr 2012 GmbH nannten stattdessen beharrlich nur eine Zahl von 2,2 Mrd. Euro oder 2,4 Mrd. Euro. Auf der Einnahmenseite wiederum rechnete OB Erwin die Zahlen hoch.

Schließlich brachte die Protestbewegung die Bewerbung der Stadt Düsseldorf zu Fall und sparte damit dem städtischen Haushalt weitere 50 Millionen Euro, die für die internationale Bewerbung hätte ausgegeben werden müssen. Erspart wurde auch Alt-Lörick die Vernichtung bäuerlicher Betriebe wie für Monate die Isolation von der Außenwelt.

Frische Kräuter und BIO-Gemüse von Löricker Bauern

Kräutergarten Paul Adams

Einer der Betriebe im Kampf gegen die Olympiade-Bewerbung, der dem temporären Ereignis 2012 zum Opfer gefallen wäre, ist der Kräutergarten Paul Adams. Auch er setzt die Tradition eines alt eingesessenen Betriebes fort. Ursprünglich war es der landwirtschaftliche Betrieb von Balthasar Postal und seiner Ehefrau Gertrud, der 1925 durch Kauf und Pacht von Feldern bereits eine stattliche Größe erreicht hatte. Drei Jahre zuvor blickte die einzige Tochter – Margarete (Grete) – das Licht der Welt. Sie blieb der Landwirtschaft treu und heiratete 1947 Hans Adams aus der Nachbargemeinde Meerbusch-Büderich. Adams zog nach Lörick und sicherte gemeinsam mit seiner Frau, nun

Kapuzinerkresse so weit das Auge reicht.

in der zweiten Generation, den Fortbestand des Betriebes. Auch der Sohn des Ehepaars Hans und Grete, Paul Adams, setzte 1970 die Tradition fort und übernahm 1980 den Betrieb nach dem plötzlichen Tod seines Vaters. Ab 2016 führt nun Sohn Johannes das Unternehmen weiter.

Schon in den 60er Jahren entstanden die ersten Gewächshäuser, die in der Folgezeit kontinuierlich erweitert und modernisiert wurden. Damit war die Basis für den heute ausschließlichen und umfangreichen Anbau von Küchenkräutern gelegt. Die Angebotspalette reicht heute von Basilikum, Beifuß, Brunnenkresse, Bohnenkraut, Borretsch, Estragon, Kapuzinerkresse, Koriander, Liebstock, Majoran, Oregano, Pfefferminze, Pimpinelle, Rosmarin, Wildrauke, Salbei, Thymian bis Zitronenmelisse. Auch die 7 Kräuter – zusammengestellt je nach Jahreszeit – für den Klassiker „Grüne Soße“, Goethes Leibgericht, zählen zum Angebot des Kräutergartens: Petersilie, Schnittlauch, Kerbel, Kresse, Pimpinelle, Dill, Sauerampfer, Borretsch, Estragon, Zitronenmelisse.

Die Lieferung der Kräuter erfolgt sowohl an den Großmarkt Düsseldorf als auch an den von Essen. Dort kaufen der Einzelhandel und die Gastronomie. Zweimal pro Woche betreibt das

Unternehmen auf dem Düsseldorfer Großmarkt zur nächtlichen Stunde einen eigenen Verkaufsstand, von 1 Uhr bis 7 Uhr früh. Der kurze Weg über die Theodor-Heuss-Brücke zum Großmarkt garantiert zumindest in Düsseldorf eine günstige Ökobilanz.

Die große Nachfrage nach Kräutern machte 1994 die Umstellung des Betriebs auf das computergesteuerte Bestell- und Abrechnungssystem erforderlich. 1999 entstand ein prozessgesteuertes Gewächshaus, damit der Betrieb nach neuestem Standard mit Sohn Johannes auch noch in der 4. Generation floriert. Aber auch die neueste Technik ersetzt nicht die vielen fleißigen Hände zum Binden der Kräuter. Um dies alles zu erhalten, machte sich Paul Adams 2002 mit Kind und Kegel, gemeinsam mit seinen Landwirte-Kollegen per Traktor auf den langen Weg nach Frankfurt zum NOK, um der verantwortungslosen städtischen Planung, ausgerechnet in Lörick ein olympisches Dorf zu errichten, Einhalt zu gebieten.
(Vgl. http://www.adams-kraeter.de/chronik.htm).

Hof am Deich

Unweit von Adams Gewächshäusern, allerdings schon auf Büdericher Gebiet hätte es ein weiteres „Bauernopfer" gegeben, den „Hof am Deich". Seit 1989 bewirtschafteten Karin und Volker Rahm den Hof zunächst als Nebenerwerbshof mit einem halben Hektar Land, auf dem Grünspargel biologisch angebaut wurde. Seit 2005 gehört der Hof zum Demeter-Verband und bewirtschaftet die Felder biologisch-dynamischen. Auf dem inzwischen 20 Hektar großen Betrieb am Rhein werden über 45 Obst- und Gemüsesorten angebaut, dazu Kartoffeln, Kräuter und Spargel. In Folienhäusern wachsen Tomaten, Gurken, Paprika und Auberginen.

Im hauseigenen Bioladen und auf Wochenmärkten werden die Produkte angeboten. Eine Besonderheit des Betriebes ist die Gemüse-Selbsternte. Auf Gemüseparzellen von etwa 80 qm werden verschiedene Gemüsearten, Kräuter und Blumen gesät oder gepflanzt. Ab Mitte Mai pachten interessierte Personen, Familien oder Gruppen diese Parzellen gegen Bezahlung eines einmaligen Saisonbetrags. Ab dieser Zeit pflegen und ernten sie auf dem Stück gepachteten Acker selbst. (http://www.demeter-nrw.de/hoefe/hof-am-deich.php)

Mit dem Fahrrad auf alten Treidelpfaden am Rhein entlang

Die alten Treidelpfade, auf denen einst Pferde die Rheinschiffe flussaufwärts zogen, sind seit vielen Jahren als Radwege gut ausgebaut. Entlang der Treidelpfade hatten es einst Landesfürsten leicht die Pferde anzuhalten, um von den Schiffern Zoll zu erheben. Ohne diese Einnahmen und die Abgaben der Bevölkerung gäbe es am Rhein weder Schlösser noch Burgen. Sie boten bei kriegerischen Überfällen aber auch Schutz für die Bevölkerung.

Wie entlang anderer Flüsse, bietet besonders der Rhein ideale Bedingungen für Radreisende selbst an Ufern der meisten Städte. Außerhalb der Städte führt der Radweg oft über Deiche oder wie hier auf dem Bild in direkter Nähe zum Strom. Wer sich vom Nordwind treiben lässt, erreicht Düsseldorf linksrheinisch über Büderrich oder rechtsrheinisch über Kaiserswerth – auf beiden Seiten grüne Landschaft. Dann die angenehme Rast in Düsseldorf an der Rheinuferpromenade, bevor es über die kleine Hafenbrücke Richtung Süden weitergeht – rund 33 Kilometer am Rhein entlang in Düsseldorf.

Mönchenwerth – Trappistenmönche bauten Obst undGemüse an

Auf dem alten „Löricker Werth“ (Binneninsel), heute Mönchenwerth, das bis Ende des 18. Jahrhunderts eine Insel im Rhein war, erinnert noch heute die Gaststätte „Mönchenwerth“ an die Trappistenmönche, die dort im 18. Jahrhundert auf der Insel mitten im Strom ein Kloster bauten und unterhielten. Das dazugehörende Gut im erzbischöflichen Besitz und mit ausgedehnten Ländereien (81 Morgen) mit Obst- und Gemüseanbau, wurde in Erbpacht vergeben. Viel Glück hatten die Pächter allerdings nicht, denn die Insel wurde mangels Schutzbauten nicht selten von Überschwemmungen und Eisgängen heimgesucht. Wenige vereinzelte Obstbäume sind heute noch zu sehen und das alte Landhaus Mönchenwerth ist ein Geheimtipp für Feinschmecker, die mit Blick auf den Rhein im Grünen ihr Menü genießen wollen.

Darum ist es am Rhein so schön!

Übernachtung mit Frühstück an Bord von schwimmenden Hotels und abends mit wenigen Schritten zur „längsten Theke der Welt“ – wo erleben Gäste das schon? Düsseldorf am Rhein ist nicht nur schön, sondern bietet seinen Gästen und Bewohnern einmalige Szenerien auf engstem Raum: den Rhein, die Schiffe, die Rheinufer-Promenade, das Mannesmannufer mit den Prachtbauten aus dem ersten Jahrzehnt des vorigen Jahrhunderts, die Altstadt und ein paar Schritte weiter die Kö. Wer am Abend auf die andere Seite des Rheins blickt, genießt bei einem Glas Altbier oder Wein den schönsten Sonnenuntergang nördlich von Ibiza. Seit dem der unerträgliche Verkehr, der die Stadt vom Rhein trennte, in den Tunnel verbannt ist, kennt der Genuss keine Grenzen mehr.

Segeln vor dem Schlossturm

Glück muss der Fotograf haben: Was als kleines Modell im Schifffahrtsmuseum in den fünf Etagen des Schlossturms zu sehen ist, liegt ganz selten dort wenige Meter vor der Haustüre in Originalgröße vor Anker. Seit den 1980er Jahren beherbergt der altehrwürdige Schlossturm von 1588 das Schifffahrtsmuseum und präsentiert unter anderem die Themen „Entwicklung der Schifffahrt auf dem Rhein", den Lebensraum Schiff, den Naturraum Rhein und die Entwicklung der Düsseldorfer Häfen, Brücken und Fähren. Vom Einbaum bis zum Containerschiff ist fast alles zu sehen, auch die verschiedenen Antriebsarten wie Segel, Dampf- oder Motorkraft.
(Vgl. http:/freunde-schifffahrtsmuseum.de/)

Yachthäfen und Clubhäuser rechts und links des Rheins

„Marina Düsseldorf" im Zollhafen

Im ehemaligen Hafenbecken an der Weizenmühlenstraße entstand 1976 der erste privat betriebene Yachthafen im Besitz des Ehepaars Marita und Paul Joseph Gast. Bis 1987 ankerten die Schiffe dort. Zehn Jahre später zog der Yachthafen auf Wunsch der Stadt in das Windgeschützte Hafenbecken im Zollhafen, Stromkilometer 743,1. Die Stadtnähe und Lage zum Medienhafen und zur Altstadt sind ideal. Im Jahr 2000 investierte das Ehepaar in die erste Anlage aus schwimmendem Beton. Auf 1,4 km Stegen können 160 Boote und Yachten festmachen. Jeder Liegeplatz hat Strom und Wasser-Anschluss. 2002 wurde eine schwimmende Hafenmeisterei gebaut.
http://marina-duesseldorf.de/ueber-uns.html

Links neben der „Marina Düsseldorf das WDR Landesstudio, dahinter der „Neue Zollhof (Gehry-Bauten).

Yachthafen des Düsseldorfer Yachtclub e. V.

Wer auf der „boot Düsseldorf", der internationalen Bootsausstellung mit 1800 Ausstellern eine Yacht erwirbt, erreicht über kurzem Weg zu Wasser oder Straße den nächsten Heimathafen, bzw. Liegeplatz bei Strom-km 747. Zwischen Messegelände und Theodor-Heuss-Brücke lädt die Hafeneinfahrt zum Yachthafen des Düsseldorfer Yachtclub e. V. ein. Er bietet Wassersportfreunden 70 Dauer- und Kurzzeit-Liegeplätze, Strom und Wasser auf der Steganlage, ein Bootshaus mit sanitären Anlagen und nicht zuletzt ein Clubhaus mit der schönen Terrasse mit Blick auf den Rhein. (Vgl. www.dyc.de)

Löricker Paradieshafen

„Das Paradies liegt in Lörick", schreibt Yvonne Hofer im Düsseldorfer Anzeiger am 10. Mai 2016 und meint damit – wie sollte es anders sein – den Paradieshafen. Paradiesisch ist auch das Löricker Freibad nebenan, nicht zuletzt auch die unter Naturschutz stehende Halbinsel zwischen Freibad und dem Rhein.

Bereits 1941 sollte dort ein Sporthafen und nebenan das Strandbad entstehen. Nach einer kriegsbedingten Unterbrechung 1944 wurde die Auskiesung 1951 vollendet. Die Kiesmassen dienten u. a. als Material der Verstärkung und Verbreiterung des 20 bis 25 Meter breiten Löricker Deichs zwischen der Stadtgrenze Meerbusch und der Theodor-Heuss-Brücke. Heute bietet der Paradieshafen nicht nur Liegeplätze für rund 100 Boote, sondern auch Clubhäuser in traumhafter Umgebung.

Beheimatet dort sind fünf Vereine: Der Yachtclub Graf Spee, der Yachtclub Lörick, der Motoryachtclub, die DLRG und der Kanuclub Düsseldorf. Aber die Hafenanlage verfügt weder über einen Kran noch einer Slipanlage, um Boote über eine schräge Ebene ins Wasser lassen zu können, noch über eine Unterstellmöglichkeit für Boote im Winter.

In dem Interview von Yvonne Hofer mit Lothar Schmidt-Wöhe vom Yachtclub Lörick e. V., heißt es, „wer hinaus fährt, findet heute wenig Paradiesisches". Man müsse schon Richtung Holland fahren, um schöne Wassersportreviere zu finden. Speziell für Segler sei der Rhein nicht mehr sonderlich geeignet. Was früher noch möglich war, mit dem Paddelboot hinüber bis zu den schönen Sandstränden am Rheinufer an der Lausward zu fahren, ist heute nicht mehr möglich. Die alten Klepperboote endeten auf dem Sperrmüll.

Der Rhein ist tiefer und seine Fließgeschwindigkeit schneller geworden. Der Verkehr auf der über 600 Kilometer langen deutschen Bundeswasserstraße Rhein mit immer mehr und immer größeren Schiffen, birgt noch weitere Gefahren, als nur für kleine Boote. Auch so manchem leichtsinnigen Badegast ist das zum Verhängnis geworden.

Für die Bootseigner im Paradieshafen bedeutet das, nachlassendes Interesse hinaus zu fahren, d. h. sein Boot als „schwimmenden Campingwagen" zu nutzen. „Einer hat sogar Blumenkästen aufgehängt", so Uta Wöhe. Ein anderes Club-Mitglied habe sich mit seiner 45-Fuß-Yacht in die Karibik abgeseilt.

Sushi, Feuerwerk und Manga-Kult – Düsseldorf Feuer und Flamme für Japan

Obwohl die knapp 7000 zählende japanische Gemeinde zu der nur siebtgrößten ausländischen Bevölkerungsgruppe in Düsseldorf zählt, prägt sie dennoch seit über 50 Jahren kulturell und wirtschaftlich das Bild der Stadt, nicht nur im Linksrheinischen, sondern auch in der Innenstadt von Düsseldorf. Wegen ihrer japanischen Läden, japanischen Restaurants und dem Nikko-Hotel heißt die Immermann-Straße auch die Ginza von Düsseldorf, genannt nach der großen Geschäftsstraße in Tokio. Als vor 50 Jahren die erste Ausstellung für japanische Kunst und Kunstgewerbe im damaligen Textilkaufhaus Koch am Wehrhahn stattfand, zählte die japanische Gemeinde in Düsseldorf gerade mal nur rund 1000 Menschen.

Düsseldorf Niederkassel, einer der beliebten Stadtteile für Japaner, bietet für Familien sowohl einen japanischen Kindergarten, eine japanische Schule, als auch den Tempelgarten des EKO-Hauses der japanischen Kultur. Die meisten in Düsseldorf lebenden Japaner – zumeist Führungskräfte oder Spezialisten – werden von ihren Arbeitgebern samt Ehepartner bzw. Familien für wenige Jahre nach Deutschland entsandt oder nur für kurzfristige Einsätze. Darüber hinaus studieren junge Japanerinnen und Japaner an der Musikhochschule, der HH- Universität oder der Kunstakademie in Düsseldorf.

„Bäume, Blumen, Tiere – die Welt der Natur" als Feuerwerk

Der jährliche Höhepunkt des japanischen Kulturtransfers ist der seit 15 Jahren veranstaltete Japan-Tag mit seinen vielen Darbietungen und Angeboten, dem bunten Treiben der Manga-Kostümierten und dem Höhepunkt des Feuerwerks, wie am Samstag, den 21. Mai 2016 unter dem Motto „Bäume, Blumen, Tiere – die Welt der Natur". Laut Rheinische Post feierten mehr als 700.000 Besucher in Düsseldorf den „größten Japan-Tag aller Zeiten" – also mit mehr Menschen, als die Stadt Einwohner hat. Auf drei Bühnen und an etwa 90 Ständen unter weißen Zelten entlang des Schlossufers und der Rheinuferpromenade wurde sowohl traditionelle wie auch moderne Kultur präsentiert.

Popkultur Japan

Japans Popkultur „Manga“ erfasst ganze Generationen und ist zum Japan-Tag an der Rheinuferpromenade unübersehbar und allgegenwärtig. Manga-Figuren sollen ihren Ursprung in den Bildergeschichten buddhistischer Mönche im achten Jahrhundert haben. Andere verweisen auf den Maler Katsushika Hokusei, der den Begriff „Manga“ prägte und damit seine farbigen Holzschnitte bezeichnete. Später orientierten sich die Figuren und deren Rollen in Bildergeschichten an westlichen Comics.
(RP. 12./22..06.2016)

Cosplay (engl. Costume u. Play) heißt die Umsetzung dieser Manga-Abbildungen in die Wirklichkeit. Cosplayer schneidern ihre fantasievollen Kostüme in der Regel selbst und schlüpfen, wie hier zu sehen, in die Rollen, die sie darstellen. Trotz der Menschenmenge auf der Wiese vor dem Mannesmannufer zeigt sich eine friedliche Szenerie von jungen Menschen, die sich umarmen und mit der Aufforderung „Free Hugs“ (kostenlose Umarmung) wildfremde Menschen animieren, sie zu umarmen.
„What a wonderful world“

168
172
174
ZONE

Artisten-Auftritt vor der Rheintreppe

Sobald die Temperaturen es zulassen, trifft sich auf der Rheintreppe ein bunt gemischtes Publikum – so bunt, wie die Kunst von Professor Herrmann-Josef Kuhna aus Münster an den seitlichen Wänden. Dort trifft man sich mit Freunden, lernt neue Besucher kennen, bringt eine Pizza und ein Getränk mit, genießt den Blick über den Rhein, den Sonnenuntergang über Oberkassel und schaut den Artisten zu. Wie ein Wunder, am nächsten Morgen ist der Partymüll verschwunden – Dank AWISTA.

Gereinigt werden auch die Wände, allerdings nur einmal im Jahr. Der nach den Plänen des italienischen Baumeisters Alessandro Pasqualini errichtete Schlossturm im Hintergrund, ist der einzige Überrest des Düsseldorfer Schlosses, das im März 1872 vollständig abgebrannt ist. Die Bezeichnung Burgplatz erinnert noch heute an die ehemalige Burg, die dort stand, dem Grundstück für den späteren Bau des Schlosses.

Von den Niederungen der Rheinauen zum Hochufer – wie ein neuer Stadtteil entstand

Vereinzelte kleine Bauernhäuser aus Ziegelstein oder Fachwerk in Heerdt, Oberkassel, Niederkassel und Lörick deuten darauf hin, dass die linksrheinischen Stadtteile noch im 19. Jahrhundert ein ganz anders Bild boten. Es gab Ackerland mit Bauernhöfen und vier kleine beschauliche Dörfer. Die einzelnen Dörfer waren mit einer Straße verbunden.

Jahrtausende lang transportierte der Rhein fruchtbaren Schwemmboden in die Talauen bevor die Menschen versuchten, den Strom durch Deiche zu bändigen. Dieses Phänomen ist heute noch zu beobachten, wenn bei Hochwasser die Zuflüsse Erde wegspülen und den Rhein braun färben. Dass sich Landwirte auf den fruchtbaren Böden niederließen, bedarf keiner besonderen Erklärung. Wer dort siedelte, lief allerdings bei Hochwasser Gefahr, dass Hab und Gut in den Fluten verschwanden, bevor Deiche mehr Sicherheit boten.

Etliche Bauerhäuser in Niederkassel, wie hier in Alt-Niederkassel/An der Apfelweide, erinnern noch heute an den traditionsreichen Gemüse- und Obstanbau des ehemaligen Dorfes.

Der lange Weg zur Eingemeindung

Der kirchliche und administrative Mittelpunkt der Halbinsel war damals Heerdt. Die Gemeinde Heerdt gehörte, bevor sie 1794 unter französische Herrschaft geriet, zu Kurköln. Die französische Armee hatte linksrheinisch Quartier genommen, vom Ufer aus Düsseldorf beschossen und schließlich erobert. Nach dem Intermezzo mit der französischen Besetzung, wurde die Gemeinde Heerdt 1815 preußisch und bildete mit Büderich zusammen eine Bürgermeisterei des Landkreises Neuss. Der letzte Bürgermeister der selbständigen Gemeinde Heerdt, Nikolaus Knopp, war es, der sich in seiner Eigenschaft als Deichgräf seit 1927 intensiv mit dem Hochwasserschutz und den Deichen von der Erftmündung bis nach Büderich beschäftigte. Von seinem späteren Wohnsitz Kaiser-Wilhelm-Ring 1 aus hatte er stets den Rhein im Blick. Ein Damm von Heerdt nach

Oberkassel existierte bereits seit 1583. Eine Karte von 1655 zeigt eine Kette von Deichen, von Neuss bis zu dem Dorf Langst. Nach der Flut und den Deichbrüchen von 1784 wurde die Landstraße von Heerdt nach Oberkassel auf den Damm verlegt. [5]

Erst 1909 wurden die linksrheinischen Gebiete nach Düsseldorf eingemeindet. Wer heute bei einem Hauskauf einen Grundbuchauszug anfordert, wird zumindest bei alten Oberkasseler Häusern – ein großer Teil dieser Häuser entstand im ersten Jahrzehnt des vorigen Jahrhunderts – die Angaben „Gemarkung Heerdt“ finden. Um 1900 – zwei Jahre nach Inbetriebnahme der Oberkasseler Brücke – hatte Heerdt bereits eine Einwohnerzahl von 2.685, Oberkassel von 2.158, Niederkassel von 895 und Oberlörick von 305.[6] Der Bauboom danach machte sich besonders in Oberkassel bemerkbar. Dort stieg die Einwohnerzahl bis 1907 bereits auf 6.365. [7]

Die Initiative, die linksrheinischen Dörfer nach Düsseldorf einzugemeinden, ging vom Gemeinderat Heerdt aus. Er fasste am 2. Dezember 1908 den Beschluss über die Eingemeindung. Mit einem positiven Votum beschloss die Stadtverordnetenversammlung von Düsseldorf am 22. Dezember 1908 die Eingemeindung von Heerdt nach Düsseldorf. Das bedeutete für die Stadt Neuss einen Verlust an Steuereinnahmen. Um diesen auszugleichen, kam es am 5./9. Februar zu einem Vertrag zwischen dem Landkreis Neuss und der Stadt Düsseldorf, der eine Kapitalabfindung von 210.000 Mark vorsah. [8]

Endstation Rheinwiesen

Bevor 1898 die Oberkasseler Brücke dem Verkehr übergeben wurde, änderte sich bereits die beschauliche Idylle linksrheinisch. Denn 1850 begann die Bergisch-Märkische Bahn eine Zugstrecke von Aachen nach Düsseldorf zu bauen. Der neue Schienenstrang von Neuss nach Oberkassel verlief über die damals noch breiteren Rheinwiesen bis an die Ufer des Rheins. Dort, etwa auf der Höhe der heutigen Wildenbruchstraße stand auch der erste Oberkasseler Bahnhof. Ans andere Ufer nach Düsseldorf gelangte man über eine Schiffsbrücke zu Fuß oder mit der Kutsche. Wenn ein Schiff kam – das hatte immer Vorfahrt – wurde die Brücke in der Mitte geöffnet. Die Bedeutung des Oberkasseler Bahnhofs verblasste allerdings, als 1870 die Eisenbahnbrücke bei Hamm dem Verkehr übergeben wurde.[9] Als Naherholungsgebiet für die Düsseldorfer Bevölkerung gewann Oberkassel immer mehr an Bedeutung. Dort konnte man, wie Carl Vossen in seinen Büchern berichtet, in etlichen Ausflugslokalen vergnügte Stunden erleben oder wie noch heute im Grünen picknicken.

Wenn die Deiche weichen

Diese Romantik änderte sich ein weiteres Mal mit dem Bau der Oberkasseler Brücke. Dabei wurde auch mit der Verschiebung des Deichs um 400 Meter rheinwärts in die Struktur der Uferlandschaft eingegriffen. Millionen Kubikmeter Erdmassen mussten bewegt werden, um die neuen Deiche und Hochufer zu bauen. „Da dadurch ein Teil des Hochwasserprofils der Breite nach verloren ging, wurde es notwendig, durch Abgrabung des verbleibenden Vorlandes das erforderliche Hochwasser-Abflussprofil, wieder herzustellen. (…) Die anfallenden Erdmassen brauchte man für die Brückenrampe sowie für den vorgeschobenen Deich.“ [10]

---

[5] Klaus Bahners: „Wer nicht will weichen, der muss deichen.“ Hochwasserschutz und Deichverband in der ehemaligen Landgemeinde Heerdt, Düsseldorf 2013, S. 23

[6] Vgl. Klaus Bahners: Beiträge zur Heerdter Geschichte, Düsseldorf 2010, S. 15.

[7] Ebd.

[8] Vgl. Klaus Bahners: Beiträge zur Heerdter Geschichte, Düsseldorf 2010

[9] Vgl. Carl Vossen: Düsseldorf linksrheinisch, einst und jetzt, Düsseldorf 1962/Carl Vossen: 200 Jahre Düsseldorf linksrheinisch, Düsseldorf 1977.

[10] Carl Vossen: 200 Jahre Düsseldorf linksrheinisch, Düsseldorf 1977, S. 34.

Dort, wo heute an den Ringen von Oberkassel bis Niederkassel und an der Rheinallee die prächtigen Häuser stehen, spricht man eigentlich von einem Hochufer und nicht von einem Deich. Das, was bei Deichen als Profil zur Landseite zu sehen ist, verbirgt sich hinter den Gebäuden auf den Hochufern als tiefer liegende Gärten.

Die Verlagerung des Deichs brachte auch weitere Veränderungen: Der Bahnhof musste hinter den neuen Deich verlegt werden, der alte Brückenkopf wurde abgetragen, fünf Gastwirtschaften und die Badeanstalt verschwanden. Als Ersatz baute man dort, wo heute die Jugendherberge steht, ein neues Vergnügungslokal: die Rheinlust.

Ein Prachtbau 1898/1899 erbaut von der Rheinbahn. 1934 unbenannt in Skagerrak-Brücke. 1945 auf Anordnung des „Gauleiters" Florian gesprengt – die heutige Oberkassler Brücke seit 1976.

An- und Verkauf von Grund und Boden

Mit dem Ziel, die beiden Gewerbe- und Industriestädte Düsseldorf und Krefeld durch eine Straßenbahnlinie zu verbinden, wandte sich 1861 der Handelsverein Düsseldorf an den Preußischen Handelsminister mit der Bitte um Finanzierung des Baues der Oberkasseler Brücke. Ein ablehnender Bescheid seiner Majestät, dem preußischen König, vereitelte den Plan. Vier vermögende Herren – Heinrich Lueg, Franz Haniel, August Bagel und Friedrich Vohwinkel – bildeten 1895 mit Unterstützung durch Wilhelm Marx und Nikolaus Knopp, Bürgermeister von Heerdt, ein Konsortium mit dem Ziel, auf der linken Rheinseite Grundstücke anzukaufen. Mit dem An- und Verkauf der Grundstücke sollte der Bau der Brücke finanziert werden.

1896 gründeten die Herren die Rheinische Bahngesellschaft und statteten diese mit einem Stammkapital von sechs Millionen Reichs Mark aus. Die Rechnung ging dank einer überproportionalen Gewinnspanne zwischen An- und Verkauf der Grundstücke schließlich auf. Wie Carl Vossen schrieb, erwarb die Rheinbahn in der Gemeinde Heerdt, Oberkassel und Niederkassel 1.388 Morgen Land für 2,7 Millionen Reichsmark, das entsprach 1977 etwa 80 Pf. pro qm. Als die Brücke 1898 dem Verkehr übergeben werden konnte und die Infrastruktur für die Grundstücke vorhanden war, lagen die Grundstückspreise inzwischen bereits bei 21 bis 70 Mark/qm. Nach der Einweihung der Oberkasseler Brücke 1898 und als Folge der Parzellierung und Erschließung, wuchs die Zahl der linksrheinischen Wohnungen zwischen den Jahren 1899 bis 1906 von 337 auf 2.400. Danach galt Oberkassel als Viertel für bessere Kreise.

Noch heute sind aus den alten Adressbüchern im Stadtarchiv Düsseldorf außer den Namen der ersten Bewohner und Hausbesitzer am Kaiser-Wilhelm-Ring auch die Berufe zu entnehmen wie: in Hausnummer: 1 Fabrikant, Hauptmann, Mathematiker, Nr. 2. Postinspektor, Nr. 3 Bergwerksdirektor, Nr. 4 Fabrikbesitzer, Nr. 5 Regierungsrat, Nr. 9 Finanzdirektor, Nr. 15 u. 16 Rechtsanwälte, Nr. 18 Oberregierungsrat, Nr. 19 Bankdirektor, Nr. 36 (lila Haus) mit 10 Mietparteien, Fa. Klein & Dörschel mit Sitz in der Schadowstr. 27, usw.

Das viergeschossige Wohnhaus am Kaiser-Wilhelm-Ring 36 – einst als „lila Villa" bekannt – wurde (laut Baugesuch vom Dezember 1899) 1900 bis 1901 von Richard Klein und Richard Dörschel erbaut. 1976 wurde das Haus in Eigentumswohnungen aufgeteilt.

Repräsentative Ein- und Mehrfamilienhäuser

Namhafte Baumeister errichteten, unter anderem auch für Künstler, die durch die große Kunstausstellung 1902 zu Geld gekommen waren, repräsentative Ein- und Mehrfamilienhäuser. Bei der Errichtung der meisten im Stadtteil heute noch gut erhaltenen Wohngebäude wurde auf alte Stilepochen zurückgegriffen oder im Jugendstil gebaut. Nach Auffassung der Unteren Denkmalbehörde gibt es neun neubarocke Wohnhäuser am Kaiser-Wilhelm-Ring, häufig ebenfalls in Natursandstein zur Straßenseite hin wie die Nr. 8, 9, 10, 14, 17, 19, 27, 33, 36, 37. Damit wurde auf alte Zeiten der Stil-Epochen von etwa 1600 bis 1730 zurückgegriffen.[11]

[11] Barock wird im Brockhaus so beschrieben: „Leidenschaftliche Bewegtheit in geschwungenen Grund- und Aufrissformen, Unterordnung aller Einzelglieder unter das Ganze, Betonung der Kraft und der Spannung, gebrochene Giebel, reiches Schmuckwerk."

13 weitere Häuser sollen dem Neorenaissance-Stil zuzuordnen sein (Nr. 1, 2, 3, 4, 5, 6, 7, 18, 22, 23, 34, 35, 41) und ein einziges Haus – die Nr. 24, KWR/Ecke Salierstraße – dem Jugendstil. Die vereinfachte Zuordnung verkennt allerdings, dass die Architekten der Wohnhäuser an den Ringen – die im wesentlichen im ersten Jahrzehnt des 20. Jahrhunderts erbaut wurden – Anleihen an viele verschiedene Stilepochen vergangener Jahrhunderte machten, soweit sie nicht von dem damals modernen Jugendstil inspiriert wurden. Ein typisches Beispiel für ein Stilgemisch zwischen Jugendstil und Neobarock ist die evangelische Auferstehungskirche.

Laut Dr. Jörg Heimeshoff vom Amt für Denkmalspflege zeigen die Fassaden der in der Drakestraße 24 bis 30, von Richard Hardung errichteten Häusergruppe, Elemente spätmittel-alterlicher Architektur. (Vgl. Denkmalgeschützte Häuser, Band 2, Das linksrheinische Düsseldorf, Nobel-Verlag, Essen 2006).

Gebrannte Ziegel, das Baumaterial für die dicken und bis heute gut wärmegedämmten Mauern, kamen ganz aus der Nähe. Fast vor der Haustür an den Rheinwiesen gab es – dank einer fünf Meter dicken Lehmschicht – Ziegeleien, die von der Rheinischen Bahngesellschaft betrieben wurden. Wie Carl Vossen schrieb, wurde bei dem Abgraben des Rheinvorgeländes so große Lehmmassen gehoben, dass bereits 1897 fünf „Feldbrandöfen ihren Betrieb aufnahmen und 5,6 Millionen Ziegelsteine herstellten." 1898 wurde in Niederkassel eine Ringofenziegelei mit einer Jahresproduktion von 3,5 Millionen Ziegelsteinen jährlich in Betrieb genommen. Zur Jahrhundertwende 1900 zählte man in Ober- und Niederkassel bis zu 20 Feldbrandziegeleien. Darum sind nicht selten in Oberkassel repräsentative private oder auch öffentliche Ziegelbauten zu finden, wie die Auferstehungskirche oder die Post. Selbst hinter den schönen Sandsteinfassaden mit ihren dekorativen Ornamenten verbirgt sich Ziegelmauerwerk.

Die Patrizierhäuser an den Ringen für gut situierte Bürger sollten mit noch feineren Mitteln ihre Pracht entfalten – mit Natursandstein. Die vor den Ziegelsteinmauern vorgehängten Sandsteine kamen per Bahn oder Schiff aus dem Gebiet der Lahn. Soweit es sich nicht um rechteckige Steine handelte, boten Kataloge eine reiche Auswahl an vorgefertigten dekorativen Elementen. Nicht selten sind junge Leute mit Fragebögen in der Hand zu beobachten, die im Rahmen von Geburtstagsrallyes durch Oberkassel jagen, um einzelne Skulpturen an Hausfassaden zu entdecken – seien es kleine Bären, Drachen, Löwen, Putten oder Eulen.

Mit dem Erwerb eines linksrheinischen Grundstücks von der Rheinischen Bahngesellschaft verpflichtete sich der Käufer zur ausschließlichen Abnahme von „elektrischem Licht und Kraft" vom Verkäufer. Auch die Bauzeichnungen waren der Rheinischen Bahngesellschaft vorzulegen. „Ziegelsteine zum Bau eines Wohnhauses", so eine weitere Verpflichtung, „sind auf Verlangen der Rheinischen Bahngesellschaft aus ihren Werken zum Tagespreis gegen Kassa abzüglich 2 % Skonto zu entnehmen." Bei Nichterfüllung ist eine Konventionalstrafe von 3 Mark für je 1000 Ziegelsteine fällig, die aus anderen Werken bezogen werden.

Kirschbaumblüte auf der Salierstraße in Oberkassel

Gegenüber der neuromanischen Basilika St. Antonius bestimmen die fünfgeschossigen hell verputzten Wohngebäude Luegallee 66–74 das Straßenbild. Errichtet wurde die von dem Architekten Gustav Utermann entworfene Gebäudereihe 1910 bis 1911.

Das viergeschossige Eckhaus Kaiser-Friedrich-Ring 1/Ecke Luegplatz – auch Brückenschlösschen genannt – wurde 1905 von Bauherr und Architekt Theodor Balzer, wie er schrieb, „im Stil der deutschen Renaissance" entworfen. Das Gebäude beherbergte ehemals ein Hotel und ein Restaurant, nach aufwendigen Restaurierungen 1980 bis 1981 Show Rooms verschiedener Modedesigner. Heute ist dort der Sitz des Immobilienunternehmens Ralf Schmitz GmbH & Co. KGaA.

Die Häuser an den Ringen in Oberkassel wurden größtenteils im ersten Jahrzehnt des vorigen Jahrhunderts gebaut. 1910 standen dort auch schon die beiden Reihen der Platanen. Im strengen Winter 1945/46 wurde die Reihe zur Straße hin zum Fällen freigegeben – als Brennholz für die linksrheinische Bevölkerung. Das erkennt man heute noch an dem unterschiedlichen Umfang der Stämme.

Nicht nur die Platanen in Oberkassel an den Ringen, der Rheinallee und der Luegallee bekommen jedes Jahr einen Feinschnitt, sondern auch die noch jungen Platanen am rechtsrheinischen Rheinufer zwischen Landtag und Tonhalle. 1.800 Bäume hat das Gartenamt jedes Jahr zu bearbeiten. Dabei werden die Triebe entfernt.

Damit die Deiche nicht weichen: Millionen für den Hochwasserschutz

Nach Angaben der Oberen Deichaufsicht der Bezirksregierung Düsseldorf, Dezernat 54, wurden im Rahmen eines Hochwasserschutzkonzepts am Niederrhein umfangreiche Untersuchungen der Deiche im Hinblicke auf ihre Stand- und Betriebssicherheit durchgeführt, deren Ergebnis 1990 im „Generalplan Hochwasserschutz am Niederrhein" zusammengefasst wurden. Dabei handelt es sich um eine Fließstrecke des Rheins von ca. 160 km im Zuständigkeitsbereich der Bezirksregierung Düsseldorf, die durch 260 km Hochwasserschutzanlagen geschützt werden. Die großen Hochwasser im Dezember 1993 und Januar 1995 haben den Menschen am Niederrhein nachhaltig vor Augen geführt, dass Hochwasserschutz für weite Bereiche dieser Region eine existenzielle Lebensgrundlage darstellt. In diesen Bereichen leben ca. 1 Million Menschen, deren Sachwerte kaum zu schätzen sind. Wenn es auch keinen absoluten Hochwasserschutz gibt, so können dennoch Hochwasserschutzmaßnahmen und Hochwasservorsorge mögliche Schäden erheblich mindern. Dabei spielen außer Deichen und Dämmen, freizuhaltende Überschwemmungsgebiete, das Sichern und Vergrößern von Rückhalteräumen und das Erhalten ausreichender Abflussprofile in den bebauten Bereichen eine entscheidende Rolle.

Das „Konzept für einen nachhaltigen Hochwasserschutz NRW" sieht eine Grundsanierung der Hochwasserschutzanlagen vor, um den Menschen im geschützten Gebiet eine möglichst hohe Sicherheit zu bieten, Deichrückverlegungen und Schaffung von Retentionsräumen, um dem Fluss wieder mehr Raum zu geben und Hochwasserscheitel zu reduzieren, Intensivierung des länderübergreifenden Hochwassermanagements, um die Solidarität zwischen „Oberliegern" und „Unterliegern" zu verbessern. Seit 1996 wird dieses Konzept am Niederrhein konsequent verfolgt. Zuständig für den Hochwasserschutz am Rhein sind 13 im wesentlichen ehrenamtlich geführte Deichverbände und 6 Kommunen. (vgl. Regierungsbaudirektor der Bezirksregierung Düsseldorf, Dezernat 54, Matthias Börger, z. T. wörtlich zetiert.
http://www.brd.nrw.de/umweltschutz/hochwasserschutz/ueberwachung.html. 24.06.2016).

Alles im Fluss: Chemikalien, Enzyme, Hormone…

„Alles ist aus dem Wasser entsprungen!
Alles wird durch das Wasser erhalten!
Ozean, gönn' uns dein ewiges Walten!"

Johann Wolfgang von Goethe: „Faust"

Wenn auch die „Bläck Fööß" singen, „dat Wasser von Kölle is joot", täuscht das nicht darüber hinweg, dass bis Köln nicht nur etliche Chemiewerke das Wasser trüben. Das schmecken selbst die Schafe auf den Rheinwiesen. Nach Hochwasserüberschwemmungen verlieren sie so lange ihren Appetit, bis ein paar Regengüsse das Gras wieder reingewaschen haben – so der Bericht des inzwischen verstorbenen Schäfers Gerhard Siegfried.

Obwohl das Wasser des Rheins zunehmend sauberer gegenüber früher geworden ist, kann man nicht wie anderen Orts durch ungetrübtes Wasser auf den Grund sehen. Seine jungfräulich klare Frische verliert er bereits im Norden von Basel. Während mitten in Basel, wie auch früher auf den Oberkasseler Rheinwiesen in Düsseldorf, ein Schwimmbad zum Verweilen einlädt, hinterlassen die Chemie- und Pharmakonzerne wie LaRoche, Novartis, Syngenta zur Grenze nach Deutschland hin erste Spuren. Die waren toxisch und letztlich tödlich, als 1986 Sandoz verseuchtes Löschwasser mit 20 Tonnen hochgiftiger Pestizide ungefiltert in den Rhein einleitete und das große Fischsterben begann. Trinkwasser für die Bevölkerung der Städte am Rhein von Basel bis in die Niederlande konnte nicht mehr dem Uferfiltrat des Flusses entnommen werden. Es war keineswegs die einzige Verschmutzung des Rheins auch durch deutsche Chemie-Konzerne.

Extrem niedriger Pegelstand des Rheins

Alles im Fluss. So – mehrfach wörtlich gemeint lässt sich das Pilotprogramm GLOWA des Bundesministeriums für Bildung und Forschung (BMBF) beschreiben, das sich mit dem „globalen Wandel des Wasserkreislaufes“ (GLOWA) befasste. Zunehmend ist „alles im Fluss“, nicht zuletzt bedingt durch die Folgen der Klimaveränderung. Im Fluss sind aber auch Hormone, Enzyme, Pestizide und eine Unzahl anderer Chemikalien mit ihren Neben- und Wechselwirkungen auf Mikroorganismen, Flussbewohner und nicht zuletzt auf unser Trinkwasser. Mehr als die Hälfte des verfügbaren Süßwassers dient menschlichen Zwecken, 70-80 Prozent davon der Landwirtschaft. Der hohe Wasserverbrauch in der industriellen Landwirtschaft und der Eintrag von Kunstdünger und Pestiziden haben zur Folge, dass die Belastung des Wassers steigt und die Versalzung von Ackerland stetig zunimmt.

Die Gewässerqualität bis 2015 deutlich zu verbessern, haben sich die EU-Mitgliedsstaaten nicht zuletzt durch die Wasserrahmenrichtlinie (WRRL) zwar auf die Fahnen geschrieben, letztlich aber aufgrund starker Schadstoffeinträge nicht erreicht. Das zeigt eine aktuelle Studie des Instituts für Umweltwissenschaften Landau und des Helmholtz-Zentrums für Umweltforschung (UFZ) mit Kollegen aus Frankreich und der Schweiz.[12] Dabei sind die ökologischen Risiken durch Chemikalien wesentlich höher als bisher angenommen. Untersucht haben die Wissenschaftler Überschreitungen von Risikoschwellen in den Einzugsgebieten großer Gewässer wie dem Rhein. Der Eintrag der Chemikalien in die Gewässer erfolgt größtenteils durch die Landwirtschaft und städtische Kläranlagen. Dabei stellen Pestizide [13] – u. a. Fungizide, Insektizide, Herbizide – mit Abstand die stärkste Belastung der Gewässer dar. In der konventionellen Landwirtschaft wird heute auf 40 Prozent aller Äcker Roundup gesprüht, dessen Hauptbestandteil das

12 Vgl. http://www.ufz.de/index.php?de=35273.

13 Pestizide (von lat. pestis, ansteckende Krankheit und lat. caedere, in Zusammensetzung – cidere, töten) ist ein Sammelbegriff für chemische Substanzen zur Bekämpfung von Organismen, die als Schädlinge definiert werden und die mit Hilfe dieser Mittel geschädigt oder getötet werden sollen.

selbst lt. WHO in Kritik geratene Glyphosat enthält. Glyphosat steht laut WHO im Verdacht, Krebs und eine Vielzahl weiterer Krankheiten auszulösen. Es ist in fast allen Lebensmitteln, die ihren Ursprung in der konventionellen Landwirtschaft haben, enthalten, ist im übrigen in Trinkwasser und auch Spuren in Bier nachweisbar.

Ein anderes Problem wird uns in Zukunft beschäftigen: Die Gletscher laufen weg. Noch profitieren die Regionen am Rhein und ihren Flusseinzugsgebieten von einem Wasserhaushalt, der nahezu allen Nutzern hinsichtlich der Wasserverfügbarkeit gute Bedingungen bietet. Gespeist wird der Rhein u. a. durch enorme Wassermengen ursprünglich sogar bester Qualität, die ihren Ausgang in den Alpen genommen haben. Die Alpen, auch „Wasserschloss Alpen" genannt, sind ein riesiges Wasserreservoir. Die im Winter fallenden Niederschläge werden in Form von Schneefeldern und Gletschern zurückgehalten und gespeichert. Von diesem natürlichen Speichermechanismus profitieren in Europa nicht nur der Rhein, sondern auch die Donau, der Po und auch die Rhône. Das Besondere an diesem Mechanismus ist die Bereitstellung des Wassers zu dem Zeitpunkt, zu dem es am dringendsten benötigt wird: in den trockenen, niederschlagsarmen Sommermonaten. Dann führen die Flüsse immer noch ausreichend Wasser. Z. Zt. liegt der Gipfel des Wasserabflusses aus den Alpen in die Vorgebirgs-Flusseinzugsgebiete im August. Aber wie lange noch?

Bereits der 1988 vom Umweltprogramm der Vereinten Nationen und der Weltorganisation für Meteorologie gegründete zwischenstaatliche Ausschuss für Klimafragen ging in zwei Szenarien von einer mittleren Erderwärmung von 1,5°C bis 4°C in den folgenden Jahrzehnten aus. D. h. in 50 Jahren dürften dann 90 Prozent aller Alpengletscher verschwunden sein und in 100 Jahren voraussichtlich gänzlich. Das bedeutet, dass der Niederschlag der Wintermonate nicht mehr in den Gletschern gespeichert wird. Mit der Schneeschmelze im Frühjahr fließt das Wasser ab und steht im Sommer nicht mehr zur Verfügung. Während es in Städten wie Düsseldorf häufiger zu Hochwasser kommt – die maximalen Pegelstände sind dort heute um ein Drittel höher als vor einem Jahrhundert – treten andererseits Niedrigstände nun ebenfalls öfter auf.

Das wird hinsichtlich der Verfügbarkeit und Qualität Auswirkungen auf verschiedene Wassernutzer haben: Haushalte, Landwirtschaft, Energiewirtschaft, produzierendes Gewerbe, Tourismus, Binnenschifffahrt und andere. In den Sommermonaten würden wegen sinkender Flusspegel Schiffe nicht mehr voll beladen den Rhein passieren können. Betroffen wären auch Wasserkraftwerke und vor allem Kraftwerke, die mit Oberflächenwasser gekühlt werden. Führen die Flüsse weniger Wasser, besteht die Gefahr einer Überhitzung der Gewässer durch aufgewärmtes, zurückgeleitetes Grundwasser. Werden die Temperaturen überschritten, müssen die Kraftwerke abgeschaltet werden. Auch die Landwirtschaft bleibt nicht verschont. Die veränderte Situation macht veränderte Anbaumethoden erforderlich, wie etwa Verzicht auf überflüssige Nutzpflanzen oder Hochertragssorten mit einem hohen Wasserverbrauch.

Diese Entwicklung lässt außerdem befürchten, dass im Frühjahr in Zukunft größere Wassermassen nach der Schneeschmelze den Pegel der Flüsse mehr als bisher steigen lassen. Sollte es dann auch noch ausdauernd und ergiebig regnen, sind die Deiche in Gefahr.

Verkehr auf der Bundeswasserstraße

Hin und wieder könnte man den Begriff „Straße“ im Zusammenhang mit einem Strom wörtlich nehmen, denn es fahren tatsächlich Autos auf dem Rhein – allerdings als Ladung auf einem großen Transportschiff. Das große Netz der Bundeswasserstraßen in Deutschland umfasst einerseits ca. 7.300 km Binnenwasserstraßen, andererseits auch ca. 23.000 km^2 Seewasserstraßen. Von den Binnenwasserstraßen entfallen ca. 75 Prozent der Strecke auf Flüsse und ca. 25 Prozent auf Kanäle. Sie sind ein wesentlicher Bestandteil des „nassen“ Transeuropäischen Verkehrsnetzes (TEN) und sind dementsprechend leistungsfähig zu erhalten und zu gestalten. Der Rhein ist nicht nur verbunden mit seinen zum Teil schiffbaren Nebenflüssen Neckar, Main, Mosel, Saar, sondern auch durch ein ausgedehntes Kanalnetz, vom Rhein zum Beispiel bis zur Oder, schließlich mit See- und Binnenhäfen.

In Deutschland werden über die Bundeswasserstraßen jährlich Gütermengen von bis zu 240 Millionen Tonnen transportiert, mit einer Transportleistung von 60 bis 65 Milliarden Tonnen/km. Das entspricht fast 90 Prozent der Güterverkehrsleisten der Eisenbahnen bzw. ca. 14 Millionen LKW-Fahrten jährlich. Außerdem werden im Binnenschiffverkehr etwa 1,5 Millionen Container befördert (81 % davon auf dem Rhein), was zusätzlich 700.000 LKW-Fahrten entspricht. Damit leistet die Binnenschifffahrt einen bedeutenden Beitrag zur Bewältigung der Transportnachfrage und das kostengünstig, termingerecht – kein Stau wie auf der Autobahn – und umweltverträglich. Deshalb setzt auch die EU verstärkt auf das Schiff, um die steigenden Verkehrszuwächse ökologisch verträglich und kostengünstig bewältigen zu können.

Abgesehen von vielen Arbeitsplätzen in den Häfen, haben darüber hinaus die „weißen Flotten“ und die Flusskreuzfahrtschiffe eine zunehmende wirtschaftliche Bedeutung. Mit ihnen genießen jährlich viele Millionen Touristen die reizvollen Flusslandschaften. Außer der umweltfreundlichen Transportfunktion haben Bundeswasserstraßen – was für andere Verkehrswege eher ungewöhnlich ist – noch weitere Funktionen. Sie dienen der Trink- und Brauchwasserversorgung, Bewässerung, Kraftwerknutzung, Abwasserversorgung, Hochwasserabfuhr und schließlich auch der Fischerei. Die Uferlandschaften bieten zudem einen hohen Erholungs- und Freizeitwert für den Menschen. (http://www.binnenschiffahrtswelt.de/bundeswasserstrassen.htm) 08.07.2016.

„Über sieben Brücken musst du geh´n..."

Regenbogen über der Oberkasseler Brücke

Als hätte es Peter Maffay geahnt, als er in den 80er Jahren den Songtext populär machte. [14] Tatsächlich queren sieben Brücken den Rhein auf Düsseldorfer Gebiet, verbinden z. T. auch Nachbarstädte mit Düsseldorf: Fleher Brücke (1979), Eisenbahnbrücke Hamm (1870, neu 1987), Joseph-Kardinal-Frings-Brücke (Südbrücke 1951), Rheinkniebrücke (1969), Oberkasseler Brücke (1898, neu 1976), Theodor-Heuss-Brücke (1957) und Flughafenbrücke (2002). Wenn es darum geht, die Brücken zu Fuß zu überqueren, sind es allerdings in Wirklichkeit nur sechs Möglichkeiten? Ob wir eine weitere Brücke bei Lörick für den ÖPNV wirklich brauchen, wird sich mit der Zu- oder Absage einer Mit-Finanzierung durch Bund und Land entscheiden.

Nach dem Bau der Hammer Eisenbahnbrücke 1870, wurde 1898 die Oberkasseler Brücke als zweite Düsseldorfer Brücke dem Verkehr übergeben. Eines steht fest: Die Oberkasseler Brücke mit den mächtigen Eingangsportalen war ein Prachtbau, um den uns andere Städte heute noch beneiden würden, wäre sie nicht dem wachsenden Verkehr zum Opfer gefallen. Den Rest gab ihr das deutsche Militär. Die damals sogenannte Skagerrak-Brücke wurde gesprengt, bevor die amerikanischen Truppen anrückten und am 3. März 1945 das linksrheinische Stadtgebiet besetzten. Nun trennte der Rhein nicht nur zwei Stadtteile, sondern zwei Fronten.

Deutsches Militär beschoss das vom amerikanischen Militär eingenommene Oberkassel. Einschüsse an den Fassaden der schönen Häuser an den Ringen waren noch lange nach 1945 zu sehen. Erst 1948 wurde die eingestürzte Brücke wieder aus dem Wasser gezogen, aufgebaut und für den Straßenbahn- und Autoverkehr frei gegeben, bis sie 1976 schließlich durch die heutige Schrägseilbrücke ersetzt wurde.

Die letzten Reste – dekorative schmiedeeiserne Geländer der ehemaligen Brücke – sind heute noch an eher unauffälligen Stellen zu bewundern: an der Poststraße, entlang am Spee'schen Graben und an der Haroldstraße als Abgrenzung zum Schwanenspiegel.

[14] Den Text geschrieben hat 1975 Helmut Richter. Er geht auf eine Liebesgeschichte einer unglücklichen Beziehung zwischen einem Polen und einer Deutschen zurück. Populär machte den von Ulrich Swillms komponierten Song die Gruppe Karat in der damaligen DDR. (Wikipedia)

Über Geschmack lässt sich bekanntlich streiten, sagt der Volksmund. Manch einer fragt sich auch, ob die „Brückenfamilie“ mit den drei formal ähnlichen Schrägseilkonstruktionen, Theodor-Heuss-Brücke, Oberkasseler- und Kniebrücke schön ist, oder eher langweilig. Sicher gibt es in anderen Städten bedeutendere, vor allem traditionelle Brückenbauten vergangener Zeiten. Dennoch wird die von dem Architekt und Städtebauer Friedrich Tamms (1904–1980) entworfene Düsseldorfer „Brückenfamilie“ als Höhepunkt modernen Brückenbaus gelobt.

Rheinkniebrücke (Baujahr 1967) aufgenommen von der obersten Etage des Mannesmann-Hochhauses. Unverkennbar: das Rheinknie.

Sie ist Bestandteil des neuen Straßenkonzepts der Nachkriegszeit – d. h. freie Fahrt für Autofahrer, nicht jedoch für Fahrradfahrer. Radfahrer hatten Jahrzehnte keine Lobby, folglich sah die Planung auch keine ausgewiesenen Radwege auf den Brücken vor. Unbegrenzter Platz über dem Strom wäre vorhanden gewesen. Folge der Fehlplanung: Fußgänger und Fahrradfahrer mussten sich einen schmalen Fußweg teilen. Der mit Nägeln markierte, bisher für Radler unerlaubte, weil gefährliche Streifen entlang der Fahrbahn auf der Oberkasseler Brücke ist nun um rund 50 cm verbreitert worden und für Radler freigegeben. Wenn ein schneller Radler einen langsameren überholen will, wird‘s erneut riskant und gefährlich. Kaum nachvollziehbar ist zudem, dass der Fußgänger-/Fahrradweg auf der Theodor-Heuss-Brücke, dort, wo er am wenigsten frequentiert ist, rund doppelt so breit ist, wie auf der Oberkasseler- und Kniebrücke mit sehr viel mehr Fußgänger- und Fahrradverkehr. Hätten da die Planer eine Viertelstunde länger nachdenken sollen? Radwegebau wurde – unabhängig, welche Partei im Rathaus das Sagen hatte – über Jahrzehnte verschlafen, obwohl das Land NRW großzügige Zuschüsse bereit gestellt hätte.

Inzwischen wecken ein paar weiße Trennstreifen auf Fahrbahnen Hoffnung auf ein vorsichtiges Umdenken, dass Radfahrern dort, wo die Straßenbreite es zulässt, ein wenig Raum zugebilligt wird. Der kühnen Behauptung, Düsseldorf sei eine fahrradfreundliche Stadt, spricht die Tatsache Hohn, dass laut einer aktuellen repräsentativen Bürgerbefragung des Amts für Statistik und Wahlen, 80 Prozent der Bürgerinnen und Bürger mit der Gesamtsituation für Radfahrer unzufrieden sind. Jeder zweite Düsseldorfer hält die Radwege in Düsseldorf für unsicher.[15] Daran ändert auch nichts der schöne Schein der Werbung.

---

[15] Geilhausen, Stefanie/Richter, Denisa: Radfahrer fühlen sich unsicher, Rheinische Post, 23.06.2016, S. D1.

Flughafenbrücke, 2002, kurz vor der Fertigstellung. Die Spannweite der Autobahnbrücke (mit Fuß- und Radweg) hätte wegen der Nähe zum Flughafen einen 110 hohen Pylon erforderlich gemacht. Der aber wäre als Luftverkehrshindernis nicht zulässig gewesen. Deshalb entschied man sich für zwei nur 34 Meter hohe V-förmige Elemente für die Schrägseilkonstruktion.

Die Person der Düsseldorfer Stadtplanung, die dem Autoverkehr zulasten anderer Verkehrsteilnehmer höchste Priorität einräumte, war Friedrich Tamms (1904 – 1980). Als Leiter des Düsseldorfer Stadtplanungsamtes war er seit April 1948 für den Wiederaufbau der Stadt zuständig. Obwohl zur damaligen Zeit im Vergleich zu heute, weniger Autos auf den Straßen fuhren, galt sein besonderes Interesse der autogerechten Stadt mit breiten Straßenfluchten, wie die Berliner Allee mit starren Fluchtlinien der straßenbegleitenden Bebauung.[16] Sie bildete die Verlängerung der Corneliusstraße, heute wegen der hohen Feinstaubbelastung „Giftmeile" genannt. Ganze Häuserblocks, die nach 1945 wieder errichtet wurden oder den Krieg überstanden hatten wurden für die Weiterführung der Nord-Süd-Trasse in Richtung Norden abgerissen. Die Viktoriastraße und die Eckstraße verschwanden ganz vom Stadtplan.

Beinahe wäre der Planung auch ein Teil des Hofgartens zum Opfer gefallen. Es kam zu zahlreichen Protesten der Bevölkerung. „Am 15. Januar 1961 besuchten etwa 10.000 Menschen eine Protestversammlung vor dem Rathaus. Die Demonstration endete mit einem Zug in den Hofgarten; sie erreichte immerhin, dass ein Teil der Landeskrone im Hofgarten, die zugeschüttet werden sollte, erhalten blieb." [17]

Tamms rigorose Stadtplanung rief auch bei Architekten-Kollegen Kritik hervor. Unter der Führung von Bernhard Pfau entstand der „Architektenring Düsseldorf" in Anlehnung an den Berliner „Ring" der Zwanziger Jahre. Sein Gegenkonzept, das auf modernsten städtebaulichen Idealen basiert und die Trennung von Auto- und Fußgängerverkehr fordert, fand keine Berücksichtigung im Aufbauplan von Tamms. Tamms pflegte auch nach dem Krieg alte Seilschaften aus der Zeit des Dritten Reichs. Von Seiten des „Architektenrings" wurde der Vorwurf gegenüber Tamms laut, er bevorzuge befreundete Architekten aus alten Tagen, indem er bei zahlreichen Wettbewerben, bei denen er im Preisgericht saß, erfolgreich war. Diese Vorwürfe eskalierten, als Julius Schulte-Frohlinde, ehemaliger Architekt der Deutschen Arbeitsfront DAF, auf Betreiben von Tamms 1952 als Leiter des Düsseldorfer Hochbauamtes berufen wurde.

16 Vgl. http//www.architekten-porträt.de/friedrich_tamms/

17 https://www.duesseldorf.stadtarchiv/stadtgeschichte/gestern_heute/b_16

Um Tamms ambitioniertes Agieren zu verstehen, ist ein Blick in die Vergangenheit hilfreich. Brückenbau und Stadtplanung hatte der studierte Tamms und von Hitler im Dritten Reich zum Professor ernannte Friedrich Tamms, gelernt. Als beratender Architekt der Organisation Todt, war sein Fachgebiet Brücken- und Tankstellenbau der neuen Reichsautobahn. Als Mitarbeiter des Generalbauinspektors für Berlin, Albert Speer, erarbeitete er mehrere Entwürfe für Großbauten der künftigen Stadt „Germania“. In Zeiten der Diktatur bedurfte es weniger Mühe, Planungen durchzusetzen. Vom Kriegsdienst blieb Tamms verschont. In der Endphase des Zweiten Weltkriegs nahm ihn Adolf Hitler im August 1944 in die „Gottbegnadeten-Liste“ der wichtigsten Architekten auf. Die Stadt „Germania“ blieb indessen eine Utopie.

Hochwasser. Rheinknie Brücke, oben die Oberkasseler Brücke

Herdentrieb um 6 Uhr früh an einem Frühlingstag-Sonntag auf der Theodor-Heuss-Brücke. Dort ist selbst für Schafe der Bürgersteig breit genug. Schafe und Schäfer kommen aus ihrem Winterquatier vom Grütersaaper Weg, Nähe Knittkuhl und wandern quer durch die Stadt bis zu den Oberkasseler Wiesen. Auf dem Rad voran Schäfer Gerhard Siegfried, auf der Fahrbahn Albert Görsmeyer, Herr der Schafe.

Architektur von ihrer schönsten Seite entlang des Rheinufers

Das wird man in anderen Großstädten entlang des Rheins lange suchen: Architektur von ihrer schönsten Seite beiderseits des Stroms. Linksrheinisch die prächtigen Häuser an den Ringen in Ober- und Niederkassel aus dem ersten Jahrzehnt des vorigen Jahrhunderts, rechtsrheinisch ein buntes Bild von Gebäuden unterschiedlicher Zeit- und Stilepochen.

Die Kaiserpfalz in Kaiserswerth

Fangen wir ganz im Norden an – am besten zu sehen entlang der Fuß- und Fahrradwege. Dort erkennt nur der geübte Blick, wie sich das älteste Bauwerk, die **Kaiserpfalz in Kaiserswerth**, ursprünglich einmal präsentiert hat. Immerhin haben noch etliche dicke Mauern über Jahrhunderte den Unbilden der Witterung getrotzt. 1174 verlegte Kaiser Friedrich Barbarossa (barbar rossa = Rotbart, 1122–1190) den Rheinzoll von Tiel in den Niederlanden nach Kaiserswerth. Zolleinnahmen entlang des Rheins waren immer sichere Einnahmequellen, wenn es um die Finanzierung teurer Bauvorhaben ging, in diesem Fall nicht einmal ein Bau für den ersten und einzigen Wohnsitz des Kaisers. Denn Friedrich Barbarossa, im Besitz vieler Burgen und Festungen, regierte sein Reich „vom Pferde aus" und weilte folglich nicht lange an einem Ort. Natürlich hat das ehemalige mittelalterliche Städtchen Kaiserswerth, das auf die Gründung eines Benediktinerklosters des Mönches Suitbert zurück geht, noch viel mehr an Baudenkmälern zu bieten.

Das Messegelände – ein wichtiger Wirtschaftsfaktor der Stadt

Wer sich von Kaiserswerth aus, in Sichtweite des Rheins, Richtung Süden bewegen will, genießt die Landschaft am besten auf Deichwegen per Fahrrad, mit Inlineskatern oder zu Fuß. Rechts ausgedehnte Wiesen, links Villen, die sich hinter Hecken und Bäumen verbergen. Schließlich das ausgedehnte Wasserwerk; ganz am Ende lädt ein Brunnen zum kurzen Verweilen und „Auftanken" ein. Weiter geht's auf schönen Radwegen am **Messegelände** entlang. Bedeutende große Messen und Kongresse sind ein wichtiger Wirtschaftsfaktor der Stadt. Zur „boot Düsseldorf" kann schon einmal eine Jacht über dem kurzen Weg vom Rhein zur Messehalle den Fahrradweg kreuzen. Im Hintergrund unübersehbar die Arena, der das von Friedrich Tamms entworfene alte Stadion zum Opfers fiel.

Schnellenburg, Nordpark, Schlagetersiedlung [1]

Was nun zu sehen ist, erschließt sich zunächst eher nur auf dem zweiten Blick: Unübersehbar ist zunächst das Hotel/Restaurant **Schnellenburg**, Baujahr 1925, aber etwas weiter auf der linken Seite die kleinen Häuschen der Mustersiedlung, damals **Schlagetersiedlung** genannt, die 1937 im Zuge der Reichsausstellung „Schaffendes Volk" entstand, wie auch der **Nordpark**. Themen der Ausstellung waren: das „neue deutschen Wohnen", das „neue deutsche Arbeiten", die „neue deutsche Kunst". Die Idee, auf der Golzheimer Heide einen Ausstellungspark zu errichten, geht schon auf die Zeit der 1920er Jahre zurück.

[1] Der Namensgeber des in Schönau im Schwarzwald geborene Albert Leo Schlageter (1894–1923) diente im Ersten Weltkrieg als Soldat, beteiligte sich während der französisch-belgischen Besetzung des Ruhrgebiets nach dem Krieg als frühes Mitglied der „NSDAP-Tarnorganisation großdeutsche Arbeiterpartei" am Widerstand gegen die Besetzung. Wegen Sprengstoffanschlägen und Spionage verurteilte ihn ein französisches Militärgericht 1923 zum Tode. Schon in der Weimarer Zeit wurde er nach seinem Tod von rechten Kreisen verehrt, im Dritten Reich für NS-Propaganda genutzt. Es entstand um ihn ein regelrechter Kult. Rund 100 Denkmäler in vielen Städten Deutschlands wurden errichtet, das in Düsseldorf ist auf Anordnung der britischen Besatzungsbehörde gesprengt worden.

Wilhelminischer Neobarock: Oberlandesgericht und Bezirksregierung

Bezirksregierung Düsseldorf – ein schlossartiges Gebäudekomplex in Neobarock.

Südlich der Theodor-Heuss-Brücke weitet sich der Blick über ausgedehnte Wiesen des 1906 geschaffenen **Rheinparks Golzheim** – ursprünglich Kaiser-Wilhelm-Park. Heute ist die 24 Hektar große Fläsche entlang der **Cecilienallee** Landschaftsschutzgebiet. Parallel der Straße mit repräsentativen Wohn- und Geschäftshäusern – eine der begehrten Adressen – eine Allee für Fußgänger und Radfahrer mit einem alten dichten Kastanien-Baumbestand. Dort, wo die Cecilienallee auf unserer Sightseeing-Tour vom Norden aus endet, in Wirklichkeit aber mit den Hausnummern 1 bis 3 beginnt, stehen die denkmalgeschützten, schlossartigen Gebäudekomplexe der Bezirksregierung (Baujahr 1907–1911) mit dem seitlichen „Präsidentenschlösschen" und das Oberlandesgericht (Baujahr 1910), beide im Stil des wilhelminischen Neobarock. Die großzügige Planung der Gebäude vor dem Ersten Weltkrieg deutet auf die Erwartung hin, dass Düsseldorf nach wenigen Jahrzehnten zu einer Millionenstadt anwachsen würde. Immerhin hatte sich die Einwohnerzahl der Stadt während der Amtszeit des damaligen Oberbürgermeisters Wilhelm Marx (1851–1924) in nur einem Jahrzehnt von 1899 bis 1910 von zunächst 200.000 auf 300.000 erhöht (Heute auf über 600.000).

Das Oberlandesgericht in wilhelminischem Barock

Der neobarocke Ausstellungspalast aus dem Jahre 1902 entstand im Rahmen der „Industrie-, Gewerbe- und Kunstausstellung. Er wurde später abgerissen.

Hätte nicht während der Weimarer Zeit die Abrissbirne ganze Arbeit geleistet, würde in Verlängerung der neobarocken Gebäude ein weiteres dieser Art stehen.

Im Rahmen der **„Industrie-, Gewerbe- und Kunstausstellung“** Düsseldorf vom 1. Mai bis 20. Oktober 1902 entstand neben vielen prachtvollen Ausstellungsbauten auch der **„Ausstellungspalast“** für nationale Kunst, ebenfalls im Stil des Neobarock aus Sandstein, Granit und Basalt. Hinter dem Kuppelsaal befand sich ein in Sandstein gearbeiteter Gartenhof in Neorenaissance.

Fünf Millionen Besucher, 2500 Aussteller und 160 verschieden Bauten zählte die Ausstellung, die sich auf fast zwei Kilometer und bis zu 350 Meter Breite entlang des Rheinufers präsentierte. Unter dem Eindruck der großen Weltausstellung 1900 in Paris, sollte Düsseldorf ein „Klein-Paris“ am Rhein sein.

Düsseldorf — Große Ausstellung „Gesolei". Blick von der Rheinhalle zum Ehrenhof

Backsteinensemble Ehrenhof aus den 20er Jahren

Kontrastreicher könnten die Baustile nicht sein: an der Cecilienalle die schlossähnlichen Gebäude des Oberlandesgerichts und der Bezirksregierung aus der Zeit vor dem Ersten Weltkrieg und wenige Schritte weiter am Joseph-Beuys-Ufer das nüchterne Backsteinensemble des Ehrenhofs aus den 1920er Jahren nach den Entwürfen des Architekten Wilhelm Kreis (1873–1955). Auf der gegenüberliegende Seite, das Restaurant Rheinterrasse. Mit Kaiser Wilhelm II., nach dem verlorenen Krieg im niederländischen Exil, war offensichtlich auch der wilhelminische Neobarock passé.

Entsprechend dem erzieherischen Anspruch der Ausstellung **„Gesolei"**, sollten die Bauten – so schlicht sie waren – einen geschmacksbildenden Einfluss ausüben. Unter dem Themenkürzel GESOLEI („GE" = Gesundheit, „SO" = soziale Fürsorge, „LEI" = Leibesübungen) veranstaltete die Stadt Düsseldorf 1926 das vielleicht bedeutendste Ausstellungsunternehmen der Weimarer Republik. Die Ausstellung zählte täglich rund 47.000 Besucherinnen und Besucher – insgesamt waren es rund 7.500.000. Was heute noch zu sehen ist, ist nur ein Teil der damaligen Gebäude, die für die Ausstellung „Gesolei" errichtet wurden. Auf weiten Bereichen des heutigen Rheinparks standen damals zahlreiche Ausstellungshallen.

In der politischen – weniger in der konzeptionellen – Zielrichtung knüpfte die Gesolei an die international erfolgreiche Hygiene-Ausstellung von 1911 in Dresden an, auf der Deutschland sich als führende Nation auf hygienischem und medizinischem Gebiet präsentiert hatte. Im Unterschied zu Weltausstellungen, konzentrierte sich die Gesolei auf den menschlichen Körper als Objekt. Der Zeitpunkt war nicht zufällig gewählt. Nach dem Ersten Weltkrieg und der Besetzung des Rheinlands begann der in vielerlei Hinsicht verletzte „Volkskörper" sich wieder zu regenerieren. Die zentralen Begriffe „Gesundheit", Hygiene und auch „Rasse" prägten die Gesolei ebenso entscheidend wie Fragen zur „Eugenik", Fortpflanzungshygiene, „Volksaufartung" und Rassenhygiene. Umso bemerkenswerter war die Präsentation „Hygiene der Juden" in einem gesonderten Pavillon. [1]

---

[1] Vgl. Richard Fuchs: LIVE Science – Eine Chronik von den Anfängen der Eugenik bis zur Humangenetik der Gegenwart, Münster 2008, S. 153– 57.

1933 – der Wind hatte sich gedreht. Zwei der insgesamt vier großen Bronzeskulpturen des in Palästina geborenen als „nichtarisch“ eingestuften Künstlers Bernhard Sopher (1878–1949) vor dem Hauptportal des damaligen Kunstmuseums wurden vernichtet. Alle vier Skulpturen – auch die des Künstlers Ernst Gottschalk (1877–1942) – galten nun als „Metallspende“ und wurden abgebaut, die von Sopher drei Jahre später als entartete Kunst eingeschmolzen. Sopher erhielt bereits 1934 Berufsverbot, konnte aber noch rechtzeitig mit Hilfe seines Künstlerfreundes Ernst Gottschalk 1935 in die USA fliehen. Noch heute stehen die beiden Sockel leer.

Tonhalle – eine Mehrzweckhalle für die Ausstellung „Gesolei“

Ganz am Ende des Backsteinensembles **Ehrenhofs** ist uns aus den 1920er Jahren an der Auffahrt zur Oberkasseler Brücke auch die Tonhalle erhalten geblieben – ebenfalls nach den Entwürfen des Architekten Wilhelm Kreis. Er hat im Übrigen auch das im Jahr 1924 fertiggestellte Wilhelm-Marx-Haus entworfen, das durch die vielen kunstvollen Fassadendetails aus Backstein, wie auch an der Tonhalle, besondere Aufmerksamkeit verdient.

Die Tonhalle entstand 1925/1926 als Mehrzweckhalle für die Ausstellung Gesolei. Unter der Bezeichnung Rheinhalle konnte sie auch als Planetarium genutzt werden. 1923 hatte die Firma Carl Zeiss in Jena ein seit 1919 entwickeltes Projektplanetarium der Öffentlichkeit vorgestellt, das als Leihgerät während der Ausstellungsdauer der Gesolei in der Rheinhalle eingerichtet war.

Düsseldorf — Große Ausstellung „Gesolei“. Rheinhalle (Planetarium)

Nach der teilweisen Zerstörung der Rheinhalle nach dem Zweiten Weltkrieg wurde sie bei der Instandsetzung erneut zu einer Mehrzweckhalle aufgebaut. Als Ersatz für die im Krieg zerstörte Tonhalle entstand durch das Architekturbüro Hentrich-Petschnigg & Partner HPP von 1976 bis 1978 unter der in ursprünglicher Form rekonstruierten Kuppel ein beinahe halbkugelförmiger Konzertsaal. Dort finden jährlich rund 300 Konzerte statt. Im „Grünen Gewölbe“, dem ursprünglichen Foyer der Rheinhalle, sind Glaskunstwerke u. a. aus der Sammlung des Architekten

Helmut Hentrich als Dauerausstellung zu besichtigen. An der Fassade seitlich ist das Mosaik „Rhein als Träger des Lebens“ des Malers Heinrich Nauen (1880 – 1940) zu sehen.
(Vgl. https://de.wikipedia.org/wiki/tonhalle.)

Sonnenhungrige auf der Tonhallen-Terrasse

Tonhalle am Rheinufer – einst Mehrzweckhalle für die Ausstellung „Gesolei“

Die Kunstakademie am ehemaligen Sicherheitshafen – ein Bauwerk der Neorenaissance 1890. (Archiv Hehmke-Winter)

Die Kunstakademie – ein bedeutendes Bauwerk der Neorenaissance

Jenseits der Auffahrt zur Oberkasseler Brücke erstreckt sich vor den Toren der Altstadt das ehrwürdige Gebäude der **Kunstakademie**. Wie in kaum einer anderen deutschen Stadt ist die Zahl prominenter Künstler so groß wie in Düsseldorf. Viele junge Kunststudenten begannen in der Kunstakademie ihre Karriere und kehrten nicht selten – oft berufen zu Professoren – an den Ort ihrer Anfänge zurück. Zunächst waren es Künstlerpersönlichkeiten, etwa die der Düsseldorfer Malerschule, mit denen im 19. Jahrhundert der Aufstieg zu einer internationale renommierten Kunstakademie begann. Als eine weitere Hochphase der Kunstakademie gilt die Zeit vom Ende der 1950er bis zum Ende der 1970er Jahre mit Künstlerpersönlichkeiten wie Joseph Beuys, Heinz Mack, Otto Piene, Gerhard Richter, Günther Uecker. Auch aus der Düsseldorfer Fotoschule mit Bernd und Hilla Becher gingen international erfolgreiche Künstler der Fotografie hervor. Einer der Absolventen, Andreas Gursky, der zurzeit höchstbezahlte Künstler der Welt, schuf das Bild „Rhein II". Das 1999 am Rheinufer Oberkassel, Höhe Rheinallee, entstandene Bild wurde 2011 in New York für 3,1 Millionen Euro verkauft.

„Jeder Mensch ist ein Künstler" (Joseph Beuys)

Die Ältesten unter uns werden sich noch erinnern, dass der ehemalige Wissenschaftsminister der Landesregierung NRW und spätere Bundespräsident Johannes Rau 1972 dem damaligen Professor Joseph Beuys (1921–1986) fristlos kündigte. Der Grund: Beuys hatte mehr Studentinnen und Studenten zugelassen, als es für seine Klasse der Kunstakademie erlaubt war. Daraufhin traten Studenten in den Hungerstreik, boykottierten Vorlesungen, hielten Transparente hoch mit: „1000 Raus ersetzen noch keinen Beuys".

Das Hauptgebäude der Kunstakademie an der Eiskellerstraße 1 – 158 Meter lang und 12 Meter breit – ist ein bedeutendes Bauwerk der Neorenaissance. Es wurde zwischen 1875 und 1879 von Hermann Riffart (1840–1914) nach Vorbildern der italienischen Renaissance erbaut. Bis 1872 war die Kunstakademie in dem Düsseldorfer Residenzschloss untergebracht. Nach dem das Schloss abgebrannt war, stellte sich die Frage nach einem Standort für einen Neubau. Man entschied sich gegen den ehemaligen Standort und für den neuen an dem Sicherheitshafen. Der auf alten Fotos noch zu sehende Hafen musste 1898 dem Bau der Oberkasseler Brücke weichen und wurde wieder zugeschüttet.

Theresienhospital – vom Akutkrankenhaus zum Luxusquartier

Mit dem Auszug der Schwestern der Ordensgemeinschaft vom Hl. Kreuz aus dem Altenkrankenhaus **Theresienhospital** ging ein Stück Altstadt verloren. Zu Versorgung der Altstadtbewohner entstand das Akutkrankenhaus 1837 an der Ritterstraße im Schatten der Basilika St. Lambertus – Wand an Wand die weit aus ältere barocke Kapelle St. Joseph aus dem Jahre 1760. Im Zweiten Weltkrieg traf es die Ordensschwestern der Töchter vom Heiligen Kreuz, die das Spital leiteten, besonders hart. In der Schreckensnacht vom 11. auf den 12. Juni 1943 wurde ihr Krankenhaus wie auch die Josephskapelle stark beschädigt. Im Bombenhagel starben in Düsseldorf etwa 1200 Menschen. Das Krankenhaus konnte nach 1945 aber in den oberen stark beschädigten Etagen wieder aufgebaut werden. Durch das beschädigte Dach waren Wasserschäden entstanden. Zwei Jahrzehnte konnte das Theresienhospital als Akutkrankenhaus seine Patienten danach noch versorgen. Dann aber fehlten die Erweiterungsmöglichkeiten der Klinik, um den Anforderungen moderner Medizin mit entsprechenden Einrichtungen gerecht werden zu können. Das Akutkrankenhaus wurde 1977 geschlossen und nach zweijähriger Umbautätigkeit als Altenkrankenheim mit 112 Betten wiedereröffnet.

Ende 2007 schloss das Altenkrankenheim seine Pforten für immer. Die Einrichtung, antike Möbel und Kunst kamen unter den Hammer, wurden unter großem Interesse der Bevölkerung versteigert. Nun beherbergt das behutsam umgebaute Baudenkmal 54 Luxuswohnungen mit insgesamt 8.000 Quadratmetern Wohnfläche. Die Kaufpreise für die 30 bis 300 Quadratmeter großen Wohnungen liegen bei 6.000 bis 14.000 Euro je Quadratmeter. Inklusive des Neubaus an der Ritterstraße wurden rund 70 Millionen Euro investiert. [2]

Das Theresienhospital ist nicht das einzige traditionsreiche Altstadtgebäude, das umgebaut einer Nutzungsänderung zugeführt wurde: Im **Stadthaus** (Baujahr 1622 bis 1629) zwischen Mühlen- und Andreasstraße, in dem zuletzt städtische Behörden untergebracht waren, ist nun ein Hotel mit 312 Betten. Die Fassaden zur Straßenseite hin blieben erhalten. Ein denkmalgeschützter Teil des 1913 errichtete ehrwürdigen **Amts- und Landgerichts** an der Mühlenstraße blieb nach Auszug der Gerichte in das Justizzentrum Oberbilk erhalten, andere Teile aus der Nachkriegszeit Richtung Ratinger Straße wurden abgerissen. Auch dort, jetzt unter „Andreasquartier" beworben, entstehen Luxuswohnungen und ein Nobelhotel.

Nach dem Brand am 11. Januar 1815 der Turmspitze von St. Lambertus und der Reparatur drehte sich der Turm.

Der schiefe Turm von St. Lambertus

Es hätte viel schlimmer kommen können, als der Blitz den Kirchturm von **St. Lambertus** am 11. Januar 1815 in Brand setzte. Es gab zwar einen Blitzableiter, der aber war nicht mit der Helmstange, auf der der Hahn sitzt, verbunden. An bereitwilligen Helfern mangelte es zwar nicht, aber die Wasserspritzen reichten nicht so hoch bis in den Turm. Das war die Stunde des mutigen Schlossermeister Joseph Wimmer. Er kannte das Innenleben des Turms. Denn er hatte zwei Jahre zuvor dort drei schadhafte Glocken ausgetauscht und drei neue aufgehängt. Obwohl damals seine Rechnung nur zu einem geringen Teil von der Kirchengemeinde beglichen worden war, bewaffnete er sich nun mit Axt und Säge, kletterte in die Spitze des Turms, entfernte unter schwierigsten Bedingungen die am schlimmsten brennenden Balken und warf sie hinunter. So reduzierte er das Feuer.

[2] Vgl. http://www.welt.de/regionales/duesseldorf/article106177470/Luxus-Wohnungen.

Inzwischen gelang es, die Wasserschläuche so anzubringen, dass auch in der großen Höhe gelöscht werden konnte. Nach mehr als drei Stunden nach dem Blitzeinschlag waren die letzten Flammen erstickt. Die Spitze des Turms war zwar zerstört, aber nicht abgebrochen und herunter gefallen. Weder das Kirchenschiff nahm Schaden, noch die angrenzenden Häuser. Körperliche Schäden trug allerdings der mutige Schlosser davon. Inmitten von Rauch und Flammen tropfte flüssiges Blei auf den Zylinder und seine Hände. Seinen Beruf konnte er danach nicht mehr ausüben. Sein Name wird bis heute in Ehren gehalten. Die seit 1953 neue Verbindung vom Burgplatz zur Liefergasse heißt seitdem Joseph-Wimmer-Gasse.

August 2001: Droschken –Parade vor der Altstadtkulisse

Die noch heute sichtbare leicht spiralige Form des Turms von St. Lambertus ist den damaligen Reparaturen geschuldet. Die neue Spitze wurde zum Schutz mit schwerem Blei ummantelt. Das blieb nicht ohne Folgen. Durch das erhöhte Gewicht wuchs der Druck auf die Konstruktion. Die Spitze neigte sich in Richtung Rhein und verdrehte sich. Trotz verstärkter Stützbalken, blieb die eigenwillige Form erhalten.[3] Nach anderer Lesart (Wikipedia), wurde für die Reparatur der Turmkonstruktion zu frisches Holz verwendet, das sich dann später verzog.

Die 1394 eingeweihte Kirche (heute Basilika) St. Lambertus in Formen der niederrheinischen Backsteingotik am Stiftsplatz ist als ältestes Baudenkmal in der Altstadt mit ihrem schiefen Turm ein Wahrzeichen der Rheinufer-Silhouette, würden da nicht die kleinen Häuschen der Kirchengemeinde in Schlichtbauweise den Blick auf einen Teil der Kirche versperren.

3 http://www.rp-online.de/nrw/staedte/duesseldorf/stadtteile/altstadt.

Einst trennte die Bundesstraße 1 Düsseldorf vom Rheinufer. 1995, zwei Jahre nach Fertigstellung des Tunnels, wurde die Eröffnung der ausgedehnten Rheinuferpromenade gefeiert.

Flanieren vom Schlossturm zum Medienhafen

Einst durch eine Bundesstraße mit viel Verkehr getrennt, sind nach dem Bau des Rheinufertunnels in den 1990er Jahren die Stadtteile Altstadt und Carlstadt wieder dicht an den Rhein gerückt. So entstand die ausgedehnte **Rheinuferpromenade** mit Platanen entlang der Straßen Tonhallenufer, Schlossufer, Rathausufer und Mannesmannufer.

Neu ist die Idee einer Promenade an dieser Stelle allerdings nicht. Die erste entstand im Zuge einer Uferverschiebung um 1900. Zwei Ebenen entstanden, die untere zum Abfertigen des Schiffsverkehrs mit Platz für die dafür notwendigen Einrichtungen, die obere Ebene als Promenade. Die schöne Wohnbebauung entlang der Promenade entstand danach im ersten Jahrzehnt des vorigen Jahrhunderts, genauso wie die an den linksrheinischen Ringen. Doch das Fußgängerglück währte nicht einmal ein halbes Jahrhundert. Nach dem Zweiten Weltkrieg wurde das Rheinufer als Bundesstraße 1 umgebaut. Nun trennte die vierspurige Straße – staubig und geräuschvoll – die Innenstadt vom Rheinufer.

1995, zwei Jahre nach der Fertigstellung des Tunnels, wurde die neue Promenade mit annähernd einer Million Besuchern mit einem großen Fest gefeiert. Seit dem ist sie mit ihren vielen Restaurants und Cafés beliebtes Ausflugsziel von Düsseldorfern und Touristen – nicht nur zum Japan-Tag, Bücherbummel oder anderen Events. Auch ein unterirdisches Museum, das KIT (Kunst im Tunnel), ist zu besichtigen. Unterhalb der Rheinkniebrücke lädt das neue Apollo Varieté zum Besuch ein. Am Landtag, für den einst ein ganzes Hafenbecken zugeschüttet werden musste, endet der südliche Teil der Promenade.

Annähernd zeitgleich mit der Bebauung an den linksrheinischen Ringstraßen in Oberkassel entstanden um 1900 an der oberen Werftstraße die überwiegend viergeschossigen Häuser mit den dekorativen Fassaden und Giebeln. Das neugestaltete Rheinufer mit seinen Platanen auf der Uferpromenade war vor dem Ersten Weltkrieg ein beliebtes Postkartenmotiv. An der unteren Werftstraße machten Rheinseedampfer, Personenboote, aber auch Transportschiffe fest. Mit freundlicher Genehmigung des Stadtarchivs Düsseldorf.

Nach Kriegsende rollte der Verkehr über die einst so schöne Rheinuferpromenade. Der damalige für die Stadtplanung zuständige Beigeordnete Friedrich Tamms, vermerkte in einem Aufsatz: „Er hielt es wegen der rauen Winde am Rheinufer und wegen der vermeintlich ‚abseitigen' Lage für ausgeschlossen, dass die Rheinfront mit Läden, Kaffeehäusern wieder belebt werden könne. Besser sei es, den Verkehr längs des Rheinufers zu aktivieren…" Tamms erklärte die Rheinuferstraße zur wichtigsten ‚innerdüsseldorfer Verkehrsstraße'. [4] *(Foto: Presseamt der Stadt Düsseldorf, um 1985).*

[4] Oliver Karnau: Düsseldorf am Rhein, Grupello Düsseldorf 2002, S. 68.

Die bunte Welt des Medienhafens

Dort, wo die Welt der Architektur noch bunter wird, wie auch die bunte Welt derjenigen, die in den Büros ihrer Tätigkeit nachgehen, endet unsere Sightseeing-Tour am Rhein entlang von Kaiserswerth bis zum Medienhafen. Wer auf Radwegen die kleine Brücke über dem Hafenbecken überquert, entlang des Rheinufers Richtung Süden weiter fährt, erlebt danach keine weiteren architektonischen Wunder mehr. Selbst Schloss Benrath ganz im Süden verbirgt sich vom Rheinufer aus gesehen hinter den Bäumen eines ausgedehnten Parks.

Kaum ein Düsseldorfer Stadtgebiet hat sich in den letzten Jahrzehnten so tiefgreifend verändert wie das citynahe Hafengelände. 1976 beschloss der Düsseldorfer Stadtrat diesen Teilbereich des Hafens für eine städtebauliche Neuordnung freizustellen. In einem Zweistufenplan sollten zunächst knapp 20 Hektar des Geländes umgestaltet werden, fast die Hälfte davon erst 2010. Bald aber entwickelte sich eine Dynamik, die den vorgesehenen Zeitplan überholte. Bis 2002 sind Architekturprojekte mit einem Investitionsvolumen in Höhe von 400 Millionen Euro realisiert worden.[5] Auf der 1993 auf insgesamt 33 Hektar festgelegten Fläche sind heute zahlreiche spektakuläre Bauwerke zu sehen, mit einem bunten Mix von Neubauten und restaurierten alten Hafengebäuden; dazwischen im windgeschützten Hafenbecken des Zollhafens die „Marina Düsseldorf". Seit 2000 können dort an auf 1,4 km Stegen 160 Boote und Yachten festmachen.

Das erste Gebäude, das uns südlich der Rheinkniebrücke begegnet, ist der 1988 in Betrieb genommene **Landtag**. Damals fand die erste Sitzung in dem Plenarsaal statt. Bevor 1982 mit dem Bau begonnen werden konnte, musste das langgestreckte Hafenbecken des Berger Hafen mit annähernd 200.000 Kubikmeter Kies zugeschüttet werden. Zahlreiche Industriebetriebe wie Rhenus oder Fortin mussten weichen und umgesiedelt werden. 22 Betriebe waren von der Räumung betroffen. Wer das vom Architektenbüro EMW Eller, Moser, Walter + Partner entworfene Gebäude aus der Vogelperspektive betrachten will, fährt mit dem Fahrstuhl auf den 240 Meter hohen **Rheinturm**. Der wurde von Harald Deilmann entworfen und zwischen 1979 und 1881 errichtet. Bei schönem Wetter genießt man von oben den Blick über ganz Düsseldorf und auch den darüber hinaus. Ein eher seltenes, aber besonderes Ereignis, zeigt sich dann, wenn bei Hochwasser Oberkassel wie eine Insel eingeschlossen erscheint.

Der „Neue Zollhof" nach Entwürfen des Architekten Frank O. Gehry

[5] Klaus Siepmann: Die Düsseldorfer Medienmeile, Köln 2009, S. 5.

Eins der drei in Form, Farbe, Material und Größe gebauten Gehry-Bauten im Medienhafen – davor, die „Marina Düsseldorf" im Zollhafen.

Ein zum Bürogebäude umgebaute ehemalige Villa des Unternehmers Paul Lamers neben einem alten Backsteinspeicher.

Richtet man den Blick nach ganz unten – da steht ganz bescheiden neben dem höchsten Gebäude Düsseldorfs das kleine Backsteinhaus, 1915 als Kontorhaus eines Kohlehändlers gebaut. Heute beherbergt das Haus die Rheinturm-Verwaltung, nebenan das markante Bauwerk des Landesstudio des Westdeutschen Rundfunks. Das Funkhaus des WDR wurde nach Entwürfen der Architekten Parade und Partner gebaut und 1991 seiner Bestimmung übergeben. Geht man ein paar Schritte weiter, steht man vor den am meisten fotografierten Gebäuden: dem „Neuen Zollhof" mit seinen drei in Form, Farbe, Material und Größe verschiedenen Gebäuden. Die auch **Gehry-Bauten** genannten aus dem Lot geratenen schrägen Gebäude hat der in Toronto geborene Architekt Frank O. Gehry entworfen. Die ausführenden Architekten waren BM+P (Beuker, Maschlanka und Partner).

Schienen, alte Kräne auf der Ladestraße am ehemaligen Handelshafen wie restaurierte historische Backsteinbauten rund um das Hafenbecken, legen noch heute Zeugnis ab von der ursprünglichen Bestimmung dieses Teils von Düsseldorf. Damit stellt sich die Frage, wo sind die Firmen, die Lagerhäuser, die Schiffe geblieben? Das Hafengelände ist groß. Die Hafeneinfahrt ist immer noch die selbe geblieben zu weiteren fünf Hafenbecken in westlicher Richtung – ganz am Ende das Hafenbecken Lausward II mit dem modernen Containerterminal. Seit der Fusion mit Neuss, firmieren die Häfen als „Neuss-Düsseldorfer Häfen GmbH. & Co, KG". Damit stehen die beiden Häfen auf Rang drei der Binnenhäfen in NRW. Wer die einfahrenden Schiffe zum Neusser Hafen sehen will, entdeckt sie von Heerdt aus Richtung Ölganginsel.

Am Ende unserer Reise entlang der Rheinauen und unverwechselbaren Rheinuferbebauung nimmt es nicht Wunder, dass Menschen hier gerne leben, Düsseldorf unzählige Gäste von nah und fern anzieht.

Wenn, wie jedes Jahr, die tonnenschweren Lastzüge zum Aufbau der „Größten Kirmes am Rhein“ anrollen, bestimmt die aktuelle Wetterlage, wie tief sich die Räder in den Boden eingraben. Verschotterung – auf dem kleinen Dienstweg zwischen Veranstalter und Mitarbeitern der Stadt genehmigt – war dann nicht selten die Devise der Kirmesveranstalter, wenn die Laster bei Regen im Morast versanken.

Schotter in den Kassen, Schotter auf den Wiesen

Dann schüttete man wohlkalkuliert Schotter auf die Wiese. Regenwasser konnte nicht mehr versickern: Es bildeten sich kleine Seen.

Rasenverdichtung führt flächenhaft zur Rasenvernichtung, Die Verdichtung des Bodens war nicht aufzuhalten. Für die Schausteller hat das große Vorteile: Denn die Stellplätze sind für die nächste Kirmes wieder ein Stück mehr „betoniert“. Um ihn wieder zu beseitigen, müssten Tiefbauunternehmen mit Großgerät tätig werden, um den Schotter abzutragen. Aber die Unternehmen kommen nicht, der Schotter bleibt.

Versiegelung der ursprünglichen Rasenfläche durch immer mehr Schotter, immer mehr plattgefahrene Wege und Zwischenwege vermindern die Wasseraufnahmefähigkeit des Bodens. Bodenverhärtung und -verkrustung bei gleichzeitigem Verlust der Grasnarben verursachen Trockenrisse, die wiederum Angriffsflächen für Bodenerosionen bieten. Die Sauerstoffversorgung des Bodens leidet und somit auch die Kleinlebewesen im Boden. Dieser Missstand rief nicht selten den Natur- und Landschaftsschutz-Verein Deichwächter e. V. auf den Plan. Dass da kein Gras mehr wuchs, konnte der Verein nicht hinnehmen. Er mobilisierte die Öffentlichkeit, die städtischen Verantwortlichen und die Presse.

Sollen Schafe Schotter fressen?

In einem Offenen Brief an den Schützenchef hieß es, dass die Veranstaltung die Grenzen des Erträglichen für Natur und Stadtteilbewohner überschritten hat, mit nachhaltiger Naturzerstörung im Landschaftsschutzgebiet Rheinwiesen, tiefen und auch bleibenden Spuren in Düsseldorfs schönstem Naherholungsgebiet, Verschotterung, Versiegelung und Verkarstung von Wiese und Böden, Müll, Unrat, Speiseresten, Urin, Motoröl, Abgas- und Feinstaub-Emissionen.

Das Ergebnis der Proteste: 2003 wurde ein neuer Garten- und Landschaftsbau-Betrieb mit der Renaturierung der Rheinwiesen beauftragt (Peter Peiffer GmbH, Willich). Nun wird an schadhaften Stellen neuer Mutterboden aufgetragen und neu eingesät. Die Kosten hierfür werden zwischen 30.000 Euro und nach Regen in der Auf- und Abbauzeit mit bis zu 60.000 Euro angegeben (RP, 06.07.2013). 2015 wurde nach Angaben des Veranstalters mit einem Kostenaufwand in Höhe von 40.000 Euro gerechnet (RP 27.07.2015).

Damit das Wasser wieder im Boden versickert, wurde an mehreren Stellen der Schotter-Fläche verteilt, Drainage-Löcher gebohrt und mit wasserdurchlässigem Schotter gefüllt.

Während sich anderen Orts, wie etwa in München, Stuttgart, Bonn, Crange, Hamburg, die Stadtverwaltungen das gute Geschäft mit der Ausrichtung von Volksfesten und Kirmesveranstaltungen nicht entgehen lassen, verzichtet die Stadt Düsseldorf auf solche Erlöse. Für einen mutmaßlich eher günstigen Preis mietet der St.Sebastianus Schützenverein die Rheinwiesen vom Liegenschaftsamt der Stadt, erlöst aber durch das Vermieten der Standflächen an die Schausteller erhebliche Beträge. Der Gesamtetat der Veranstaltungs GmbH St. Sebastianus Schützenverein 1316 e. V. soll 1,2 Millionen Euro betragen (RP 14.07.2015). Hier besteht der Verdacht einer verdeckten Subvention eines privaten Vereins durch die Stadt Düsseldorf. Das Gemeindehaushaltsgesetz verbietet solche Subventionen. Wie hoch das Inkasso für die Schützen ist, könnte im Vergleich mit anderen Städten und ihren entsprechenden Veranstaltungen geschätzt werden. Von dem Gesamtumsatz aller Schausteller während der Großen Kirmes bleibt nur ein geringer Teil an Gewerbesteuereinahmen in Düsseldorf, da der weitaus größte Teil der Schausteller ihren Sitz in anderen Städten oder Orten hat.

Das ins Feld geführte Argument, hier werde das Brauchtum unterstützt, kann bei einer bis zum letzten Quadratmeter durchkommerzialisierten Kirmes mit immer größer und lauter werdenden Fahrgeschäften nicht gelten.

23 Jahre Natur- und Landschaftsschutz-Verein DEICHWÄCHTER e. V.

Dass die Düsseldorfer Bevölkerung so viel grüne Natur entlang der Rheinufer genießen kann, ist keine Selbstverständlichkeit. Denn nicht selten entwickeln Politik und Verwaltung der Stadt Düsseldorf, aber auch private Veranstalter, Begehrlichkeiten, ganz besonders, wenn es zum Beispiel darum geht, sich ein schönes „Filetstück" der Rheinlandschaft gegenüber der Altstadt einzuverleiben: wie z. B. für Deichgaragen zwischen Oberkasseler- und Kniebrücke 1993, für Dauerrummel auf den Oberkasseler Rheinwiesen, ein Vorschlag von Schützenchef Josef Arnold 2001, oder Beach-Volleyball-Stadien für die Olympia-Bewerbung 2002/2003. Die aktuelle Diskussion zeigt: solche Gefahren drohen weiter. Laut Liegenschaftsamt der Stadt und Bezirksregierung gibt es ständig Nachfragen nach Events in den Rheinauen – Verlockungen im Grünen: Konzerte, wie z. B. eines der Rolling Stones, Naturschutzgebiete als Dauerparkplatz plus Fähre zur Altstadt zu nutzen, sogar eine Seebrücke mit Restaurant à la England sollte es sein. Die Fantasie Bauwütiger kennt keine Grenzen, auch nicht die von Event-Managern.

Naturvergessenheit nannte der Biologe und Theologe Günter Altner das Phänomen, wenn sich eine ausbeuterische Haltung gegenüber der Natur breit macht. „Wir schützen, was wir lieben", sagt der Volksmund, Grund genug die einmalige Rheinlandschaft nachhaltig vor Eingriffen zu schützen. Das ist laut Satzung Aufgabe und Ziel des Natur- und Landschaftsschutz-Vereins Deichwächter e. V.. Das zeigt die Erfolgsgeschichte des Vorstandes des Vereins und seiner zahlreichen Mitglieder, die sich im Interesse des Gemeinwohls über zwei Jahrzehnte ehrenamtlich für den Erhalt der Rheinauen eingesetzt haben.

Unterirdisch – wie viele Autos passen in den Deich? Etwa so viele, wie auf dem Foto aus dem Jahre 1976 zu zählen sind. Während der großen Kirmes parkten in den 60er und 70er Jahren jedes Jahr uneingeschränkt hunderte Autos und verwüsteten die Wiese entlang des Kaiser-Friedrich-Rings, nördlich der Oberkasseler Brücke.

Geplant sind 510 Stellplätze

Garagen zwischen Brücken

OBERKASSEL. Post bekommen bald jene, die zwischen Oberkasseler und Knie-Brücke in der Nähe des Rheins wohnen. Das Bauverwaltungsamt wird wissen wollen, ob Bedarf an Stellplätzen in einer Deichgarage besteht. „Seit zwei Jahren ist unser Amt mit der Angelegenheit betraut", berichtete Richard Kampes in der Sitzung der Bezirksvertretung. Drei Garagen sind im Gelände zwischen den beiden Brücken geplant. „Südlich der Lueg-Allee herrscht ein besonders großer Parkdruck", erklärt er. Eine Garage soll nördlich der Oberkasseler Brücke entstehen. Jeweils 200 Autos sollen – auf zwei Etagen – zwei der Garagen aufnehmen, die beiden übrigen sind für jeweils 55 Autos vorgesehen. Er rechne mit erheblichen Kosten für die Investitionen, doch sei das Amt bereits mit Investoren im Gespräch; angepeilt sei ein Mietpreis von 150 Mark im Monat. mr

Rheinische Post 30. März 1993

LESERBRIEFE

Deichgaragen

Weniger Autos sind sinnvoller

Zwischen Oberkasseler- und Rheinknie-Brücke sollen rund 500 Einstellplätze für Autos in zweigeschossigen Tiefgaragen gebaut werden. Das verheißt die Planung des Bauverwaltungsamtes, und wir erfahren auch: „Mit Investoren ist man bereits im Gespräch ..." und „Der Einstellplatz soll 150 Mark im Monat kosten". Und: „In nächster Zeit werden die Oberkasseler Haushalte südlich der Luegallee brieflich angefragt, ob Bedarf an Stellplätzen besteht."

Wer hier wohnt, kann sich die Antwort ausrechnen. In einem ursprünglich als Wohngebiet konzipierten Viertel, das jetzt nicht nur viele Büros beherbergt, sondern auch Park-and-Ride-Zentrum für viele linksrheinische Umsteiger in Richtung City ist, sind in der Tat Parkplätze Mangelware.

Aber was wir brauchen, sind nicht mehr Parkplätze, sondern weniger Autos! Die Aussicht, 500 zusätzliche Deich-Parkplätze zu haben, empört uns aus folgenden Gründen:

① Mehr Parkraum bringt nicht mehr Autos von der Straße, sondern lockt mehr Autos (zum Beispiel zum Kneipenbesuch) ins Wohngebiet, und erst zur Kirmes!

② Bauarbeiten für eine Deich-Tiefgarage beeinträchtigen Freizeit- und Wohnwert in der ohnehin stark befahrenen Uferstraßen-Zone.

③ Ein- und Ausfahrt zu solche geplanten Tiefgaragen (drei Stück sind im Gespräch) stellen Gefahren für Kinder, Fußgänger, Radfahrer und Hundebesitzer dar.

④ Auspuffabgase aus dem ein- und ausfahrenden Fahrzeugen sowie Entlüftungsabgase aus den Tiefgaragen selbst belasten die Luft über einem der wichtigsten linksrheinischen Grüngürtel, der Oberkasseler Rheinwiese.

Garagen sind keine Verkehrs-Verminderer, sondern haben zusätzliche Sogwirkung auf den Kraftfahrzeug-Verkehr.

Wir wehren uns energisch gegen eine weitere Autobelastung des Stadtteils – angebracht wäre statt dessen eine konsequente Parkplaketten-Regelung für Anwohner. Mit vier Straßen (U-)Bahn-Linien und einer Buslinie ist Oberkassel nun wirklich auch ohne Auto hervorragend zu erreichen: sechs Minuten ab Hauptbahnhof, zwei Haltestellen der Stadtbahn bis zur Königsallee.

Ursel und Richard Fuchs
Kaiser-Wilhelm-Ring 19

Leserzuschriften veröffentlicht die Redaktion ohne Rücksicht darauf, ob die darin zum Ausdruck gebrachten Ansichten mit der Meinung der Redaktion übereinstimmen. Die Redaktion behält sich vor, sinnwahrende Kürzungen vorzunehmen. Die Redaktion legt Wert darauf, daß die Zuschriften mit Namen und Anschrift des Einsenders veröffentlicht werden.

Es klang wie ein Aprilscherz, als das Bauverwaltungsamt in der Bezirksvertretung 4 das Projekt Deichgaragen vorstellte. Genehmigt war der Plan mit der Oberen Deichaufsicht nicht, wie sich auf Anfrage der Deichwächter später zeigte. Aufgeschreckt durch den Bericht der Rheinischen Post vom 30. März 1993 über das Vorhaben, schrieb Ursel Fuchs einen Leserbrief, den die Rheinische Post am 6. April 1993 veröffentlichte.

Frühjahr 1993: Erfolgreich gegen die Deichgaragen. Alarmiert durch städtische Pläne, sogenannte Deichgaragen im oberen Rheindeich zwischen Oberkasseler- und Kniebrücke für 500 Pkw-Einstellplätze einzurichten, finden sich im Frühjahr 1993 Oberkasseler Bürgerinnen und Bürger zusammen. Wenige Monate später, im **Juni 1993**, findet die Vereinsgründung des Deichwächter e. V. statt. Gründungsmitglieder und Jahrzehnte im Vorstand sind Ursel und Richard Fuchs, Dr. jur. Helmar Lang u. a..

Donnerstag, 23. September 1993
Nummer 222

N 151/04

NRZ

4 600 Oberkasseler wehren sich gegen Deichgaragenbau

Politiker gaben dem Protest nach

Von STEPHANIE HAJDAMOWICZ

Der Bürgerwunsch ist nicht mehr gefragt. Der geplante Bau der vier Deichgaragen in Oberkassel sorgte gestern auf der Sitzung der Bezirksvertretung 4 für Zündstoff. Denn die Verwaltung hat die angekündigte Bürgerumfrage gekippt. Der Grund: Leere Haushaltskassen und der zunehmende Widerstand der Bürgerinitiative „Deichwächter". Und da sich weder SPD noch CDU und FDP zu einer Entscheidung durchringen konnten, ist der Bau der 500 Parkplätze auf dem linksrheinischen Deichgelände erst einmal auf Eis gelegt.

Seit Frühjahr dieses Jahres ist der Deichgaragenplan auf dem Tisch. Demnach hätte jeder Anwohner die Möglichkeit, sich für 150 Mark im Monat einen Stellplatz für sein Auto zu sichern. „Der Bedarf ist da", meint Richard Kampes vom Bauverwaltungsamt, Parkschwierigkeiten in Oberkassel seien nicht zu leugnen.

Grundsätzlich, so der Verwaltungsvertreter, „ist der Bau der Deichgaragen in land

„Wüste Diskussion"

schaftlich akzeptabler Form realisierbar." Konkretes ließ sich Kampes nicht entlocken. Zumindest sei das 25-Millionen-Mark-Projekt finanzierbar. „Dies wurde in Gesprächen mit interessierten Investoren geprüft."

Kein Linksrheiner kann sich jetzt mehr dazu äußern, ob er bereit gewesen wäre, in einer Deichgarge einen Platz anzumieten. „Wegen der wüsten Diskussion", so Kampes, sei die Bürgerumfrage gestoppt worden. Seine Anregung: Die Politiker sollten vielmehr darüber nachdenken, ob die Planung überhaupt noch so weiter betrieben werden könne.

Nur die Grünen äußerten Widerstand. Überall würden Garagen reduziert, nur nicht in Oberkassel. Niki Blanchard befürchtet, daß durch die zusätzlichen Parkplätze „nur Pendler und 500 Autos mehr angelockt werden".

Wolfgang Kamper

So ganz überzeugt von dem Deichgaragenplan ist wohl auch Bezirksvorsteher Wolfgang Kamper nicht mehr. Sein Wunsch: Erst einmal Anwohnerparkplätze schaffen. „Die rechtlichen Grundlagen dafür sind da."

Susanne Faßbier (SPD) verglich den Gang durch Oberkassel mit einem „Gänsemarsch".

„Gänsemarsch"

Die Garagen müßten her, weil die Fußgänger und die Kinder mehr Bewegungsfreiraum bräuchten.

Total verschaukelt von der „Entscheidungs- und Meinungslosigkeit der Bezirksvertreter" fühlt sich Ursel Fuchs vom „Deichwächter"-Vorstand. Sie hatte mit einer Entscheidung gerechnet. Jetzt geht der Widerstand der Bürgerinitiative weiter. 4 600 Unterschriften sind schon gesammelt.

In der Vereinssatzung des gemeinnützigen *Bürgerinnen- und Bürger-Verein Deichwächter e. V.* (heute *Natur- und Landschaftsschutz-Verein DEICHWÄCHTER e. V.*) heißt es:
Zweck des Vereins ist es, die Rheindeiche in Düsseldorf und Umgebung sowie ihr Vor- und Hinterland, insbesondere linksrheinisch, unter Gesichtspunkten des Umwelt- und Naturschutzes und der Landschaftspflege vor Eingriffen zu schützen, welche die Eigenart und Schönheit der Natur und Landschaft und ihre Eignung als Erholungsraum für die Bevölkerung gefährden.

Event-Skandal:
OB Smeets und Stadt verstoßen gegen die Rheinwiesen-Satzung
- Mehr auf Seite 3 -

DEICH WÄCHTER

KIRMES-SKANDAL:
Stadt bekommt keine 20 DM Miete am Tag von jedem Schausteller
- Mehr auf Seite 2 -

NR. 3 / AUSGABE SEPTEMBER 1999

UNABHÄNGIGES FORUM WACHSAMER BÜRGERINNEN UND BÜRGER · DÜSSELDORF · BÜRGERVEREIN DEICHWÄCHTER E.V.

DEICHWÄCHTER GEGEN VERLÄNGERUNG DER KIRMES

Alle Jahre wieder brandet die Diskussion um eine Verlängerung der Größten Kirmes am Rhein neu auf. Die meisten mögen die Mai-Kirmes, alle tolerieren die Große Kirmes - auch die Bewohner von Oberkassel, Niederkassel und Lörick, die am stärksten davon betroffen sind.

Eine Verlängerung von jetzt neun auf 16 Tage darf nur dann geschehen, wenn diese (dann) Acht-Millionen-Besucher-Veranstaltung aus dem linksrheinischen Wohngebiet verlegt wird zum Großraum Messe/Stadion. Gegen eine drohende Verlängerung im Stadtteil Oberkassel wehrt sich der Bürgerinnen- und Bürgerverein DEICHWÄCHTER e.V..

Viele Argumente sprechen dafür, den tausende von Tonnen schweren Fuhrpark mit 350 Fahrgeschäften dorthin zu verlegen, wo geeigneter Platz, hervorragende Verkehrsanbindungen und befestigte Parkplätze für zigtausende von Fahrzeugen vorhanden sind: zum Großraum Messe/Stadiongelände mit den umgebenden weiträumigen Parkplätzen und Wiesen.

Die Größte Kirmes am Rhein bleibt damit am Rhein. Der Blick vom Riesenrad, Power Tower und Euro Star schweift außer über Messegelände, Stadion und Airport weit über die brückenreiche Niederrheinlandschaft.

Zusätzliche Attraktion: das romantische Kaiserswerth mit seiner Kaiserpfalz, eine erfrischende Bootsfahrt mit der weißen Flotte der Köln-Düsseldorfer, bei Bedarf bis zum Altstadtufer. Sportliche Kirmesgäste werden per Rad oder Inline Skater die Radwege auf dem Rheindeich zu schätzen wissen.

Die Größte Kirmes am Rhein ist für Kirmesgäste aus der gesamten Region über die neue A-44-Rheinüberquerung auf dem Messegelände unter vollständiger Umgehung städtischer Staus erreichbar. Tausende Parkplätze für Stadion- und Messeveranstaltungen machen Shuttle-Busse und andere Zubringerdienste überflüssig.Noch nie war es bequemer, vom Auto aus zu Fuß die Größte Kirmes am Rhein zu erreichen. Fährdienste von Lörick zum Stadion binden linksrheinische Stadtteile an.

Die in Höhe des Alten Wasserwerks in Richtung Stadion geplante Bahntrasse, die den Flughafen Mönchengladbach mit dem Rhein-Ruhr-Flughafen Düsseldorf Lohausen verbinden soll, dürfte eine weitere attraktive City-Connection zur Größten Kirmes am Rhein darstellen.

Passagiere der Ferienflieger verbringen die schönsten Stunden vor den schönsten Tagen des Jahres gern in Airport-Nähe auf der Kirmes. Die Größte Kirmes am Rhein ist mit Straßenbahnlinien aus allen Stadtteilen mit Haltestelle unmittelbar am Messegelände zu erreichen.

Da das Gros der Kirmesgäste ohnehin den öffentlichen Personennahverkehr nutzt, ist es gleichgültig, ob ihre Zielstation "Luegplatz" heißt oder "Messegelände". Die Verlegung des Open Air Kino vom Burgplatz zum Rheinpark hat ausnahmslos Beifall und ausgebuchte Vorstellungen zur Folge gehabt! Im Sommer liegt das Messegelände brach.

Die größte Kirmes am Rhein kann so die traditionelle Saisonflaute der Düsseldorfer Messegesellschaft überbrücken. Die Kirmes hierher zu verlegen, wäre zugleich die Lösung für das Problem der Stellplatzerweiterung für die Schausteller. Dort ist Platz für die vielen, bislang unerfüllbaren Stellplatzwünsche (von 1500 können bislang nur 350 berücksichtigt werden).

Landschaftsschutzgebiet Oberkasseler Rheinwiesen - Weideland für Schafe und Erholungsgebiet für Bürger aus Düsseldorf und Umgebung. Die Idylle wird durch die Hinterlassenschaft und bleibende Schäden von Großveranstaltungen zerstört.

SOLLEN SCHAFE SCHOTTER FRESSEN?

Der Wagenpark der Kirmes-Schausteller. Schweres Fahrgerät hinterläßt in den Oberkasseler Rheinwiesen Jahr für Jahr tiefe Furchen. Diese werden mit Schotter zugeschüttet. Für die Partei Bündnis 90/Die Grünen ist die schleichende Zerstörung offenbar kein Problem.
So erklärte Fraktionssprecherin Marion Enke, OB-Kandidatin der Bündnisgrünen für Düsseldorf, in einem Schreiben an die Deichwächter: "Der Schotter auf der Wiese wird deshalb nicht abgetragen, weil die Entfernung nur mit schwerem Gerät vorgenommen werden kann und entsprechend größere Schäden auf der Wiese verursachen würde.
Die Renaturierung der Wiese wird durch Beweidung vorgenommen; die Wiesen werden an Schafzüchter verpachtet, die ihre Schafe dort weiden lassen. Das ist unseres Kentnisstandes nach die ökologischste (auch kostengünstigste) Lösung, die Rheinwiesen in relativer Ordnung zu halten."

STOPPT DIE ZERSTÖRUNG DER RHEINWIESEN!

Wenn am Tag nach der Kirmes die tonnenschweren Laster die Festwiese verlassen, bietet sich ein Bild des Grauens: Was sonst auf den ersten Blick dunkelgrün erscheint, ist nun hellgrün, gelb, braun oder vollends entwurzelt, mit Schotter zugedeckt und mit Scherben übersät. Da wächst jetzt kein Gras mehr. Die Deichwächter fordern: Stoppt die Zerstörung der Rheinwiesen.

Grün in der Stadt ist eine Kostbarkeit - nicht nur eine (medizinisch beweisbare) Wohltat für das Auge, sondern Sauerstoffspender, Staubfilter, Freizeit- und Erholungsfläche.

Die Oberkasseler Rheinwiesen zählen zu den "grünen Lungen" Düsseldorfs. Das Gelände ist als Landschaftsschutzgebiet ausgewiesen. Durch zunehmende Vernutzung der Rheinwiesen etwa durch zeitliche und räumliche Ausweitung der Kirmes inclusive der Auf- und Abbauzeiten und zusätzliche, widerrechtliche Großveranstaltungen droht die Gefahr, daß das ökologische Gleichgewicht dieses wertvollen Stücks Natur nachhaltig zerstört wird.

Damit ginge ein stadtnaher Freizeit- und Erholungsraum in einem Landschaftsschutzgebiet für alle Bürger Düsseldorfs verloren. Der Zugriff auf das Landschaftsschutzgebiet wird erleichtert durch vorauseilende Begriffsverschiebungen von "Rheinwiesen Oberkassel" zu "Festwiesen" bis zu "befestigtem Veranstaltungsplatz". Nach Angaben des Liegenschaftsamtes ist die Belastbarkeit der Rheinwiesen als Veranstaltungsfläche "unbegrenzt". Dieser Hinweis ist gleichbedeutend mit einer Aufforderung zu einem hemmungslosen Verbrauch der Natur.

Die Aufforderung, inzwischen in die Tat umgesetzt, hat Folgen: Schotter, der sich in den Boden eingräbt, wird nach Lust und Laune auf dem sogenannten kleinen Dienstweg zwischen Veranstalter und Mitarbeitern der Stadt genehmigt und angekarrt.

Um ihn wieder zu beseitigen, müßten Tiefbauunternehmen mit Großgerät geordert werden. Die Unternehmen kommen nicht, der Schotter bleibt.

Versiegelung der ursprünglichen Rasenfläche durch immer mehr Straßenpflaster, immer mehr Schotter, immer mehr plattgefahrene Wege und Zwischenwege vermindern die Wasseraufnahmefähigkeit des Bodens von Regen und Hochwasser. Bodenverhärtung und -verkrustung bei gleichzeitigem Verlust der Grasnarben verursachen Trockenrisse, die wiederum Angriffsflächen für Bodenerosionen bieten. Schwerstlaster und Großgerät, die oftmals quer über die Wiese fahren, hinterlassen tiefe Furchen.

Dies führt insgesamt zur Bodenverdichtung und beeinfußt die Wasseraufnahme und -haltefähigkeit des Bodens. Die Sauerstoffversorgung des Bodens leidet und somit auch die Kleinlebewesen im Boden. Fazit: Die Rheinwiesen müssen dringend rekultiviert werden - und das nach jeder Kirmes.

Diese Maßnahmen müsste das für die Rheinwiesen zuständige Liegenschaftsamt nicht einmal aus eigener Tasche bezahlen. Doch im Gegensatz etwa zu Circus Roncalli, der jährlich nach seiner Saison für die Rekultivierung der zerstörten Rasenfläche für große Mengen Rollrasen zur Kasse gebeten wird, ist die nach dem Verursacherprinzip fällige Wiederherstellungssumme trotz genereller Verpflichtung von Schützenverein und Schaustellerverband Verhandlungssache mit der Stadt.

HÄNDE WEG VON DEN RHEINWIESEN!

Liebe Bürgerinnen und Bürger in Düsseldorf!

Wieder einmal wenden sich die DEICHWÄCHTER mit einer Zeitung an Sie, um über Vorgänge zu informieren, von denen wir glauben, daß Sie davon Kenntnis haben sollten:

Immer unerträglicher wird die fortschreitende Zerstörung der Rheinwiesen in Oberkassel, immer fragwürdiger das Interesse politischer Kräfte in der Stadt, aus den Rheinwiesen ein Veranstaltungszentrum zu machen. Mit dieser Zeitung möchten die DEICHWÄCHTER e.V. Sie informieren - über Hintergründe und Ziele der Begehrlichkeit und natürlich über unsere Arbeit, die das Grün in Oberkassel bewahren soll.

Wir halten es für notwendig, daß Sie über die Berichterstattung in Ihren gewohnten lokalen Medien hinaus informiert werden.

Wir sagen darüber hinaus auch gern, was in den anderen Medien weitgehend unüblich ist: Unsere parteiunabhängige Meinung - pro Rheinwiesen, contra weitere Großveranstaltungen und Bestrebungen, die größte Kirmes am Rhein noch weiter wachsen zu lassen.

Den Dreck und die Zerstörung, die solcherart Veranstaltungen hinterlassen, konnte und kann man in den Oberkasseler Rheinwiesen besichtigen.

Ihre DEICHWÄCHTER e.V.

Eine von mehreren 8-seitigen Deichwächter-Zeitungen für die linksrheinischen Haushalte.

Die Sorge um die Rheinauen und das Naherholungsgebiet für viele Menschen nicht nur aus dem Linksrheinischen veranlasst die Mitglieder im **Sommer 1993,** fast **5.000 Unterschriften gegen die Deichgaragen** zu sammeln. Eine spektakuläre Plakataktion, Pressekonferenz, Radio-Interviews, Infostände an der Luegallee und ausgedehnte Kommunikation mit Politikerinnen und Politikern sowie die erste Deichwächter-Zeitung zum Deichwächter-Fest am Barbararossaplatz sorgen dafür, dass die Deichgaragen-Pläne zunächst wieder in den Schubladen der Stadtverwaltung verschwinden. Die damals bereits erarbeitete städtische Umfrage wird auf Antrag der Bezirksvertretung 4 gestoppt. „Von den Tiefgaragen-Projekten hat die Stadt Düsseldorf (...) mittlerweile Abstand genommen" schreibt der damalige Minister für Stadtentwicklung und Verkehr am **17.01.1994** dem DEICHWÄCHTER e.V.

1994: Die Deichwächter folgern: Unsere Natur ist die beste Freizeitveranstaltung für die Düsseldorfer und ihre Familien! Eine gut besuchte Bürger- und Mitgliederversammlung am **23.10.1994** bringt viel unterstützende Zustimmung und etliche neue Mitglieder.

1994/95: Anwohnerparken. Dem Gemeinsinn verpflichtet, wurde in die Satzung vorausschauend als Zweck des Vereins u. a. aufgenommen, auch das Hinterland der Rheindeiche unter Gesichtspunkten des Umweltschutzes vor Eingriffen zu schützen. In diesem Sinne haben sich der DEICHWÄCHTER e. V. für sinnvolle Konzepte des Anwohnerparkens mit eingesetzt und Pläne zu einer Verkehrsberuhigung im Stadtteil – u. a. auf der Luegallee – mit unterstützt.

März 1996: Anwohnerparken wird eingeführt.

September 1996: Neuer Vorstoß für Deichgaragen. Mitte September unterbreitet das Straßenverkehrsamt dem Ordnungs- und Verkehrsausschuss u. a. folgende Vorschläge:
1. „Es wird erneut vorgeschlagen, die Realisierungsmöglichkeiten von Deichgaragen zwischen Rheinkniebrücke und Oberkasseler Brücke zu prüfen. (...) Die Realisierung scheiterte bekanntlich am Widerstand einer Bürgerinitiative.".
2. „Neben der Errichtung von gebührenpflichtigen Deichgaragen sollten weitere Standorte für den Bau von Garagen geprüft und ggfs. realisiert werden. Verwaltungsseitig wurden zwischenzeitig entsprechende Abklärungen mit (...) Bauherren vorgenommen." (Anmerkung Deichwächter: Dabei wurde auch eine Tiefgarage unter dem Kinderspielplatz Salierplatz in Erwägung gezogen). Wenn es nach den Plänen der Stadt und des Investors geht, sind durch die Baumaßnahme dort insgesamt 15 Bäume gefährdet.

Am **09.10.1996** beschließt der Ordnungs- und Verkehrsausschuss bei zwei Enthaltungen (Bündnis 90/Grüne): „Zu dem Verwaltungsvorschlag **Realisierungsmöglichkeiten zur Errichtung von Deichgaragen** – ist eine Bürgerbefragung im weiteren Sinne durchzuführen. Das Ergebnis ist dem Ausschuss vorzulegen. Protokollführerin Ute Fischer: „Irgendwie will man sich wohl noch mal vergewissern, ob das Meinungsbild 1997 noch genau so sei wie 1993."

1997 (Karnevalswoche): In 12.000 Ober- und Niederkasseler Briefkästen, bei Anwohnern und Gewerbetreibenden, steckt eine städtische Umfrage, die ermitteln soll, wer „Interesse an der Anmietung eines Deichgaragenplatzes" habe oder nicht, oder wer „gegen Deichgaragen" sei.

Der Deichwächter e. V. reagiert spontan, antwortet mit tausenden von Handzetteln: „Nach wie vor und jetzt erst recht – entschieden Nein zu Deichgaragen.“ Das Resultat: Aus dem Straßenverkehrsamt melden Gerhard Aschendorf und seine Kollegin Claudia Spindler: „Ganz deutliche Ablehnung.“ Ca. **85 % der Befragten antworten mit einem klaren Nein**, nur etwa jeder 6. bekundete Interesse an dem umstrittenen Bauwerk. Wie die Stimmung in der Bevölkerung aussieht, wird bei der Februar-Sitzung der Bezirksvertretung 4 am 26.02.1997 mit dem eindrucksvollen Zahlenverhältnis offenkundig: **1.440 Nein-Stimmen, nur 172 Ja-Stimmen.**

1998: Planung einer **neuen Rheinbrücke** für den öffentlichen Personennahverkehr zwischen rechtsrheinischem Messegelände und dem linksrheinischen Lörick, für die es nach wie vor keinen Bedarf gibt.

RHEINISCHE POST 8.9.99 **DÜSSELDORFER STADTPOST**

Verein „Deichwächter“: Keine weiteren großen Feste auf den Rheinwiesen

„Schaf & Schotter“ lautete das Motto, unter dem sich die Mitglieder des Oberkasseler Bürgervereins „Deichwächter“ gestern auf den Rheinwiesen trafen. Sie machten die Schäden deutlich, die Großveranstaltungen der grünen Zone zugefügt haben und legten demonstrativ saftgrüne Rasenplatten auf die beschädigten, teilweise ramponierten Stellen. Ihr Vorwurf richtet sich auch an die Düsseldorfer Schützen, die nach Meinung der Deichwächter den teils mit Schotter belegten Platz nach Abzug der Großen Rheinkirmes nicht renaturierten. Sie verlangen eine umfassende Reparatur der Wiesen und wenden sich gegen eine Verlängerung des Volksfestes auf 16 Tage. Weiter pochen sie auf die strenge Einhaltung der Rheinwiesensatzung. Zusätzliche Großveranstaltungen – wie das geplante Japan- und Brückenfest im nächsten Jahr – lehnen die „Deichwächter“ ab. hiw/RP-Foto: Ulrich Horn

1998: „Hände weg von den Rheinwiesen!“ Das ist das Motto auf 5.000 Briefen an Oberkasseler Haushalte, Bezirksvertretung 4, Rat und Verwaltung, von Interviews und zwei Radiosendungen auf Antenne Düsseldorf (im Bürgerfunk und „Radschläger extra“). Denn bereits im August hatte der Rat das umstrittene Thema „Mehr Feiern auf der Rheinwiese“ angeschnitten – und sofort wieder vertagt. Wolfgang Kamper, Vorsteher der Bezirksvertretung 4 warnt sogleich vor „Missbrauch“ des Vertrauens, das bei der linksrheinischen Wohnbevölkerung dadurch entstanden sei, dass man über Jahre hinweg versichert habe, das Rheinufer stehe bis auf wenige Ausnahmen allein für Freizeitaktivitäten zur Verfügung.

Mit sachkundigen Eingaben, Kontaktaufnahme mit dem Landschaftsbeirat und seinen Mitgliedern aus den Naturschutz-Verbänden, intensiver Öffentlichkeitsarbeit und einer umfangreichen Informationskampagne in den linksrheinischen Stadtteilen setzten sich die Deichwächter energisch für den Erhalt des Landschaftsschutz- und Erholungsgebietes zwischen Oberkasseler- und

Kniebrücke ein, das ohnehin durch illegales Befahren von Fahrzeugen, fehlende Absperrmöglichkeiten für Kraftfahrzeuge und Aktivitäten mit hohem Müllaufkommen gefährdet ist. Rasenverdichtung führt schon jetzt flächenhaft zur Rasenvernichtung, statt Schutz kommt Schotter zum Einsatz, immer zahlreicher werden die breiten Fahrwege durch die schweren Kirmesfahrzeuge: erst Matsch, dann Schotter, dann „Beton“.

1999: Rheinwiesensatzung bleibt unverändert. Erfolgreich gehen die Deichwächter ins neue Jahr. Der frühzeitigen und engagierten Gegenwehr des Vereins mit der Kampagne „Hände weg von den Rheinwiesen“, ist es entscheidend zuzuschreiben, dass die Rheinwiesensatzung nicht verändert wurde.

2000: In einer limitierten Auflage stellen Deichwächter am 18. Oktober der Presse einen Kalender vor. Er zeigt Schäfer und Schafe auf den linksrheinischen Rheinwiesen, dazu Bildunterschriften. Der Titel: „Liebe zu Lamm & Landschaft“ - eine Hommage an Kreatur und Natur. Schafe als Symbole für Geduld wie Dickköpfigkeit und Landschaftsschutz wurden stellvertretend für die Eigenschaften und Aktivitäten der Deichwächter gewählt. Der Kalender für das Jahr 2001 ist im linksrheinischen Handel und in der Innenstadt mit Erfolg verkauft worden.

Deichwächter haben die Nase im Wind

2001: Die Bildmotive des Kalenders stehen außerdem Pate für einen Kurzfilm, der als Video erhältlich ist. Der Film führt die schönsten Seiten des schönsten Stücks Düsseldorfer Uferlandschaft vor Augen und zeigt die Bedrohung des Landschaftsschutzgebietes durch die hinterlassenen Schäden nach der großen Kirmes. Hauptdarsteller ist der Schäfer Siegfried mit Schaf Dasy, Standbilder sind von Richard Fuchs, Skript von Ursel Fuchs, Sprecher ist Jochen Busse, Direktor: Joachim Schmidt-Günter, Produktion: Motion GmbH Düsseldorf, Ton: T.h.e. Sound Düsseldorf. Der Kurzfilm wird in Programmkinos gezeigt.

Deichwächter brauchen keine Deichgaragen

2001: Schützen-Chef Arnold fordert in einem Interview mit dem Express **mehr „Ramba-Zamba" auf den Rheinwiesen.** Um die Deichwächter nicht gleich zu verärgern, bringt er scheinbar harmlose Aktivitäten ins Gespräch wie etwa Beach-Volleyball, Kinderfeste, Inline-Skater-Wettbewerbe. Das würde bedeuten, dass zum Beach-Volleyball-Turnier allein 100.000 Gäste, Bierbuden, Lärm, Müll und die parkenden Autos, wie zum Zirkus, die Wiesen zerstören. Ungeachtet der Rheinwiesensatzung bläst OB Joachim Erwin in das gleiche Horn, „Olympia auf den Rheinwiesen" (RP, 18.9.01) - eine Nummer kleiner darf es nicht sein. Das Kalkül des Schützenchefs Arnold lässt vermuten: Wenn viele Veranstalter die Wiese zerstören, muss sich niemand mehr – vor allem nicht der Schützenverein – dafür verantwortlich fühlen.

Schützenchef Arnold für mehr Ramba-Zamba

Die Rheinwiese auf der Oberkasseler Seite – die meiste Zeit im Jahr herrscht hier tote Hose. Fotos: Markus van Offern

Leben auf die Wiese!

Von MICHAEL GRIXA und BODO FUHRMANN

Düsseldorf - Heute in vier Wochen fällt der Startschuss für die Große Kirmes auf den Rheinwiesen. Die Schützen stecken mitten in den Vorbereitungen zum 100. Budenzauber in Oberkassel, da sorgt ihr Chef Josef Arnold (61) mit einer Anregung für Aufsehen. „Die Wiese liegt das ganze Jahr über brach. Hundehalter, die ihre Fiffis ausführen, ein paar Drachenflieger – viel zu wenig für so ein tolles Gelände. Das könnte man ganz anders nutzen."

Um nicht gleich wieder die Deichwächter zu verärgern, die mit Argusaugen darauf achten, dass es zu keinen Zerstörungen in diesem Landschaftsschutzge- … „harmlose Freizeitaktivitäten wie etwa Beach-Volleyball" ins Gespräch. „Außerdem könnte das Terrain öfter für Kinderfeste oder Inline-Skater-Wettbewerbe genutzt werden. Asphaltierte Strecken gibt es ja", sagt er und fordert: „Es muss einfach mehr Leben hierher!"

Schützenchef Josef Arnold

Petra Schlieter von der Düsseldorfer Event Company ist begeistert: „Eine Klasse-Idee, denn das Meiste spielt sich bisher auf der rechtsrheinischen Seite ab. Aber ich fürchte, die Anwohner machen uns einen Strich durch die Rechnung. Die wollen … Ruhe haben."

Bezirksbürgermeister Wolfgang Kamper (CDU) hält in der Tat gar nichts von solchen Plänen: „Dieses wunderbare Gebiet wird ja schon von Freizeit-Sportlern genutzt. Es wäre sehr schade, wenn hier organisierte und reglementierte Veranstaltungen stattfänden." Sieht Annette Steller (SPD) anders: „Ein Boule-Turnier, wie es jetzt an der Rheinufer-Promenade sehr aufwendig mit aufgeschüttetem Sand stattfindet, könnte man hier viel preiswerter ausrichten. Wir müssen unbedingt mehr aus der Wiese machen."

Ein großes Drachenfest lockte im vergangenen Jahr Hunderte von Kindern auf die Rheinwiese. Josef Arnold: „So etwas sollte öfter stattfinden."

Seit gestern sind die Boule-Spieler auf der Rheinuferpromenade im Einsatz. Ihr „Spielfeld" hätte in Oberkassel günstiger angelegt werden können.

2001: Das bereits 1998 geplante Brücken-Projekt der Rheinquerung wird im Zusammenhang mit den Bewerbungen um WM 2006 und Olympische Spiele wiederbelebt. An dieser Planung entzündet sich der erste Protest von Vereinen und Bürgerinnen und Bürgern links- und rechtsrheinisch, der sich wegen **Zerstörung der Landschaft** auf der Pressekonferenz am **17.01.2002** artikuliert.

Das Aktionsbündnis „Hände weg von den Rheinauen" überreicht dem NOK-Präsidenten Prof. Walther Tröger (links) Protestschriften mit über 250 kritischen Zeitungsberichten. Von links nach rechts: neben Prof. Tröger Heinz Jürgens (+) (Vorsitzender des Bürgervereins Lörick e. V. und Sprecher des Aktionsbündnisses), Prof. Dr. jur. Günter Tondorf (Bürgerverein Büderich e. V.), dahinter Dr. jur. Helmar Lang (Deichwächter e. V.) Ursel Fuchs (Deichwächter e. V.), dahinter Johannes Nakaten (Bürgerverein Lörick e. V.)

Deichwächter protestieren 2001/2002 im Verbund mit 17 weiteren Vereinen erfolgreich gegen die Olympia-Bewerbung der Stadt Düsseldorf.

Anstatt einer Industriebrache hat Oberbürgermeister Erwin ausgerechnet die heile linksrheinische Welt mit den ausgedehnten Natur- und Landschaftsschutzgebieten, der Kulturlandschaft wie auch die landwirtschaftlichen Gebiete für das olympische Dorf und die Austragungsstätten ausgewählt. Mehr als ein Jahr lang bleibt das Aktionsbündnis mit wöchentlichen Beratungen und Aktionen erfolgreich aktiv, bis schließlich in München Leipzig den Zuschlag erhält.

Beteiligte des Aktionsbündnisses HÄNDE WEG VON DEN RHEINAUEN: Bürgerverein Lörick e.V.; St. Sebastianus Schützenbruderschaft Lörick; KGV „Löricker Wäldchen" e.V.; Initiative „Rettet die Wiese"; Bürgerverein Büderich e.V.; Heimatverein Oberkassel e.V.; Bürgerverein Handweiser e.V.; Bürgerverein Niederkassel e.V.; Bürgerinnen- und Bürgerverein Deichwächter e.V.; Verkehrsclub Deutschland (VCD), Kreisverband Düsseldorf e.V.; Arbeitsgemeinschaft Düsseldorfer für umweltgerechte Raum- und Verkehrsplanung (ADuR) im NABU Verband Düsseldorf e.V.; *BUND* Bund für Umwelt und Naturschutz Deutschland, Kreisgruppe Düsseldorf; Landwirte-Kreisvereinigung Düsseldorf e.V. Löricker Landwirte.

18.12.2001: Erste **Protestversammlung** und baldige Gründung des Aktionsbündnis „Hände weg von den Rheinauen", dem sich **17 Vereine und Verbände mit Tausenden von Mitgliedern** anschließen.

2002: Deichwächter fordern schriftlich am 4. Februar auf der Grundlage des **Umweltinformationsgesetzes** von OB Erwin Informationen zur Olympiabewerbung 2012 der Stadt Düsseldorf. Das Schreiben erhalten die Medien als Offenen Brief und der Oberbürgermeister durch einen Boten der Deichwächter, der einen Umschlag mit Unterlagen Herrn Schulgen am Empfang des Rathauses aushändigt. Dieser und der Bürovorsteher des OB, Voßwinkel, bestätigen später, das Schreiben bis auf den Schreibtisch des OB weitergeleitet zu haben. Doch OB Erwin behauptet indessen, das Schreiben nie erhalten zu haben.

2002: Anfang des Jahres fällt der Startschuss für die Olympia-Bewerbung 2012 der Stadt Düsseldorf und zeitgleich **Protestaktivitäten des Aktionsbündnisses:** „Hände weg von den Rheinauen". Kernpunkte der Kritik sind die verfehlten Bewerbungskriterien des NOK und IOC, als da sind: Ökologische Verträglichkeit, Nachhaltigkeit der Bebauung, Akzeptanz in der Bevölkerung und Einbindung in vorhandene Strukturen. Die Bewerbung sieht außerdem die Vernichtung bäuerlicher Existenzen in Lörick, der Kleingartenanlagen „Löricker Wäldchen", der Landschafts- und Naturschutzgebiete am Rhein und der Gewerbebetriebe auf dem Gelände der Böhlerwerke vor. Eine neue Brücke, für die kein grundsätzlicher Bedarf besteht, soll zu einem hohen Flächenbedarf und der Zerschneidung der Landschaft führen. Die Oberkasseler Rheinwiesen sollen den Beach-Volleyball-Spielen, bzw. den Arenen, Übungsfeldern, Mannschafts- und Versorgungsgebäuden, Anfahrtswegen und Parkplätzen zum Opfer fallen.
Gemeinsam mit den Teilnehmern des Bündnisses, Heimatvereinen, Naturschutzverbänden, den Löricker Landwirten, kommt es zu mehreren Demonstrationen und einer Protestfahrt mit Traktoren und Bussen zum NOK nach Frankfurt. Hier werden Dokumentationsbände mit ausführlichen Begründungen überreicht, darunter eine Pressedokumentation mit über 250 kritischen Berichten. Die Bevölkerung nimmt durch Broschüren, Handzettel und Bürgerforen regen Anteil an der Protestaktion.

DÜSSELDORFER STADTPOST

Stadt-Düsseldorf Post-Zeitung. RHEINISCHE POST Düsseldorfer Zeitung. Dienstag, 4. Juni 2002 ◊ 1050

Protest: Mehr als 100 Löricker Gegner des Olympischen Dorfs waren gestern mit Bussen und Traktoren in Frankfurt

Treffen mit dem NOK-Chef

Beim NOK (v.r.): Peter Mux, Paul Adams, Ursel Fuchs, Günter Tondorf, Helmar Lang (verdeckt), Heinz Jürgens (Lörick), Walther Tröger und Heiner Henze (beide NOK). RP-Foto: Henkel

Mit fünf Traktoren und mehr als 100 Demonstranten hat das Aktionsbündnis „Hände weg von den Rheinauen" gestern beim Nationalen Olympischen Komitee (NOK) gegen die Planung des Olympischen Dorfs protestiert: „Wir werden mit allen Mitteln gegen dieses Projekt kämpfen", kündigte der Sprecher des Aktionsbündnisses, Heinz Jürgens, an. NOK-Präsident Walther Tröger sagte zu, dass er deren Bedenken prüfen werde. „Das ist eine eindrucksvolle Demonstration", sagte Tröger mit Blick auf die blockierte Straße vor dem NOK-Hauptquartier am Frankfurter Waldstadion. Und er habe Verständnis für den Protest. Allerdings ließen sich Olympische Spiele in einer so dicht besiedelten Region wie dem Ruhr-Gebiet nur realisieren, wenn Kompromisse eingegangen würden.

Nachdem sich die Olympia-Gegner mit einem Pfeifkonzert eingestimmt hatten, übergab Heinz Jürgens in zehnfacher Ausfertigung einen Band, in dem die Argumente gegen den Standort für das Olympische Dorf ausgebreitet sind. Er habe die Hoffnung, dass es im Gespräch mit dem NOK doch noch zum Kompromiss komme. Außerdem hatten die Demonstranten fast 6500 Protest-Unterschriften gegen die Löricker Brücke dabei. Offiziell hielt sich das NOK gestern mit einer Bewertung des Protestes zurück. Landwirt Paul Adams war mit vier weiteren Landwirten schon seit Samstag unterwegs. Unter dem Beifall der Demonstranten fuhren die fünf Traktoren nach 16-stündiger Fahrzeit beim NOK vor. Auf dem Weg hatten sie unter anderem in Köln, Bonn, Koblenz und Limburg gegen die Pläne demonstriert. RP

04.02.2002: Bezugnehmend auf das **Umweltinformationsgesetzes** verlangt das Bündnis von **OB Erwin** detaillierte Auskünfte über Olympische Spiele 2012 und beantragt nach Fristüberschreitung eine **Einstweilige Anordnung**.

Nachdem dem Aktionsbündnis erschreckende Einzelheiten der Planung des **Olympischen Dorfes für 16.000 Menschen** bekannt geworden sind, die in der Bezirksvertretung 4 am **27.02.2002** vorgestellt werden, veranstaltet das Bündnis am Folgetag, den **28.02.2002**, das erste **Bürgerforum**. Ihm werden noch drei weitere Foren in einem überfüllten Saal mit rund 400 Besuchern folgen. Computer-Simulationen verdeutlichen das ganze Ausmaß der zu erwartenden geplanten, gigantischen Zerstörung von Natur, Landschaft, Landwirtschaft und urbaner Infrastruktur. Von nun an kann sich jeder über einen professionellen Internetauftritt (www.took.de) über aktuelle Aktionen informieren.

EXPRESS Sonntag, 3. März 2002

4000 Düsseldorfer marschierten vors Rathaus

Olympia-Demo: OB Erwin ausgepfiffen

Von BODO FUHRMANN

Düsseldorf – „Wir sind das Volk!" Aus Tausenden von Kehlen schallte gestern diese Parole über den Düsseldorfer Marktplatz, weckte Erinnerungen an die Bürgerbewegung der DDR. Über 4000, durchweg Bewohner des Linksrheinischen, demonstrierten gegen OB Erwins „Alleingänge" für Olympia 2012. Die größte Demo seit dem Bürgerbegehren gegen den Stadtwerke-Ausverkauf. Für Erwin „war's halb so wild". Er hatte nur 800 Leute gezählt.

Ab 12 Uhr wälzte sich eine kilometerlange Kolonne vom Belsenplatz über die Luegallee bis vors Rathaus. Angeführt von 15 Traktoren und einem Lkw mit einer Pappfigur drauf, die Erwin bei einer Bauchlandung zeigt. Aufgerufen zur Demo hatte das Aktionsbündnis „Hände weg von den Rheinauen", dem sich 16 Vereine und der BUND angeschlossen hatten.

Nach ohrenbetäubendem Hupkonzert plötzlich Buhrufe und Pfiffe. Ein salopp (ohne Schlips) gekleideter Erwin drängte sich mannhaft nach vorn, erklettert einen Wagen und stellt sich.

„Es ist doch noch nichts entschieden", versucht er zu beruhigen. Er spricht von „temporären Bauten" am Rheindeich, die wieder abgerissen würden. Dann sein Fehler: Er wisse, dass viele Löricker Grundbesitzer den Wunsch nach Bebauung hätten. Der Rest ging in Protesten unter.

Heinz Jürgens, Chef des Löricker Bürgervereins, fand mehr Gehör. Thesenhaft umriss er die Forderungen der Demonstranten. „Wir sind nicht gegen Olympia", rief er. „Aber wir sind dagegen, dass eine gute Idee kaputtgeplant wird. Wir sind gegen die Vergewaltigung der Bürger, gegen die Rheinquerung, gegen die Zerstörung des Naherholungsgebiets." Sein Fazit unter Beifallsstürmen: „Olympia geht nur mit und nicht gegen die Bürger."

Erwin bewies Kampfgeist, stritt derweil wacker mit Protestlern. Sein Fazit: Die Mehrheit der Düsseldorfer steht hinter Olympia. Und er habe den Rückhalt der Mehrheit, nicht der „paar Demonstranten".

Demonstranten bei ihrem Marsch über die Luegallee

Gestern Mittag vor dem Rathaus: Mannhaft stellt sich OB Joachim Erwin den aufgebrachten Bürgern. Doch nach wenigen Sätzen erntet er nur Pfiffe und Buhrufe, muss abbrechen. Fotos: Ga...

Am **02.03.2002** führt ein über 1.000 Meter langer **Demonstrationszug mit Traktoren-Korso** und Fußgängern vom linksrheinischen Oberkassel über die Oberkassler Brücke durch die Altstadt bis zum Rathaus. Die Proteste richten sich gegen:

- 400.000 qm Flächenverbrauch für Olympisches Dorf (Hochhäuser) in Löricker und Büdericher Grüngebieten
- Vernichtung verbraucher- u. stadtnaher Landwirtschaft
- Bus- und Straßenbahnbrücke (statt Tunnel) Messe/Lörick/Heerdt
- 4-spurige Ortsumgehung Büderich durch Äcker und Rheinvorland
- Beach-Volleyball-Anlagen auf Oberkasseler Rheinwiesen
- „Olympischer Garten“ mit Sportanlagen im Deichvorland
- Triathlon am Rheinufer

Die Tagespresse Titelt: ***„Wut-Demo gegen Olympia-Dorf. Düsseldorf: 4.000 zogen zum Rathaus“***, *„Erwin, geh zum Teufel“, „Der Aufstand in Lörick“, „OB wurde niedergeschrien.“*

04.03.2002: 6.633 Unterschriften gegen das Brückenprojekt werden OB Erwin zwei Tage nach Groß-Demonstration überreicht. Beginn einer **beispiellosen Pressekampagne** mit weit über 250 kritischen Presseberichten gegen die verfehlte Olympia-Planung.

10.03.2002: OB Erwin kommt nach Lörick und setzt sich dem **kalten Wind des Misstrauens** aus.

11.03.2002: Die Planung eines Olympischen Dorfes in Lörick muss vertagt werden.

04.04.2002: Vertreter des Aktionsbündnisses im Gespräch mit **Ministerpräsident Clement** und **Minister Vesper**. Es wird erkennbar, dass die öffentlichen Proteste aus Sicht der beiden Herren die Düsseldorfer Bewerbung gefährden. Ein neues Konzept soll nun die Protestfront beruhigen. Das bisherige Plangebiet wird zu einem dreimal so großen **„Suchgebiet“** erweitert. Das neue Suchgebiet – Wasserschutzgebiet, Landschafts- und Naturschutzgebiete, Gewerbeflächen mit 70 Kleinunternehmen und ca. 750 Arbeitnehmern – zeichnet Clement spontan mit einem Kugelschreiber auf den bisherigen Plan. Ihm entgeht, dass die zusätzlichen Flächen aufgrund verschiedener rechtlicher Hindernisse ebenso wenig zur Verfügung stehen wie auch die Flächen im Kerngebiet. Denn letztere sind im Besitz unterschiedlicher Grundstückseigner, deren Grundstücke nur nach einem **langjährigen Enteignungsverfahren**, das den Termin 2012 überschreiten würde, zur Verfügung stehen könnten. Zum Projekt Rheinquerung erklärt Clement kategorisch, es komme nur eine Brücke in Betracht, für einen Tunnel gebe es keinen Zuschuss.

„Kommen Sie am Donnerstag, den **11. April 2002**, 14.45 Uhr zum Rathausplatz! Demonstrieren Sie aus Anlass der **Ratssitzung** mit dem Aktionsbündnis „Hände weg von den Rheinauen“, heißt es auf einem Flugblatt. Während der Ratssitzung kommt es zu **Tumulten**. Wegen der **Bürgerproteste** war zu diesem Zeitpunkt bereits der Beschluss des Rates vom **11.03.2002** über die Planung eines Olympischen Dorfes in Lörick vertagt worden

16.04.2002 BILD titelt: **„Die totale WM-Pleite.“**, EXPRESS: **„Erwin weint/Sch...WM. Aus der Traum.“** Das hindert OB Erwin nicht daran, ein intaktes Stadion zu sprengen und seine **Arena-Baupläne**, unbeschadet einer ungesicherten Finanzierung und mangelnder Landesbürgschaft, durchzusetzen. Einen heimischen Sportverein, der in Düsseldorf die Ränge füllen könnte, gibt es nicht. Welche Interessen vertritt OB Erwin? Der EXPRESS titelte zuvor am 08.11.2001: **„Böse Vorwürfe gegen den OB“** und beschreibt, in welcher Weise Erwins Schwiegervater und Bauunternehmer Willi Schüssler in das 438 Mio. Mark schwere Bauvorhaben involviert ist. Und weiter heißt es, dass Schüsslers Ingeneurbüro seit Jahr und Tag von der Stadt Aufträge erhält. Am 22.03.2003 gibt es einen erneuten Vorwurf: Der EXPRESS berichten unter der Überschrift: **„Mauschelei mit Schwiegervater“**, dass der Rat hinter verschlossenen Türen ein Geschäft absegnen ließ, das auf Antrag eines Ratsmitgliedes nun der Regierungspräsident überprüfen soll.

In einem Dringlichkeitsbeschluss genehmigt der Rat eine Baumaßnahme in Höhe von 100.000 Euro zu Gunsten des Schwiegervaters.

Bis zum **15.05.2002** hat OB Erwin die Chance, auf die Wünsche der Bevölkerung einzugehen; das ist der Abgabetermin der **Bewerbungsunterlagen beim NOK** in Frankfurt. Obwohl angeblich 11 weitere Standorte für ein Olympisches Dorf geprüft sind, bleibt es bei dem Planungsort Lörick. Die Proteste nehmen zu.

02.06.2002: Groß-Demo und Trecker-Treck vor NOK Frankfurt, Presse und Internet-Berichterstattung. Zwei Protest-Dokumentationen (in je zwölffacher Ausfertigung) werden NOK-Präsidenten Prof. Walther Tröger überreicht. Vertreter des Bündnisses tragen mündlich ihren Protest vor. Auf Großplakaten und Handzetteln hatte zuvor das Aktionsbündnis zur Teilnahme an der Groß-Demo am **3. Juni 2002** vor dem NOK in Frankfurt aufgerufen. Ein Trecker-Treck der existenzbedrohten Landwirte macht sich zwei Tage vorher auf den Weg von Düsseldorf nach Frankfurt, begleitet von Presse und aktueller Internet-Berichterstattung. Drei Busse mit Mitgliedern des Aktions-Bündnisses folgen.

DÜSSELDORFER STADTPOST 13.9.02 RP Freitag, 1

Lörick: Die „Deichwächter" zeigen mit Bildern, wie schön ihr dörflicher Stadtteil ist

Richard Fuchs von den Deichwächtern (links) und Landwirt Paul Adams präsentieren die Motive der Postkarten. RP-Foto: Thomas Bußkamp

Poster gegen Olympia

Alte Höfe, Wander- und Radwege, Blumenpracht und Dorf-Idylle auf Postkarten und Postern sollen deutlich machen, wie schön Düsseldorfs Stadtteil Lörick ist und wie hoch seine Wohnqualität.

Das Aktionsbündnis „Hände weg von den Rheinauen", das sich gegen ein Olympisches Dorf in Lörick wehrt, hat die Bilderserie zusammengestellt. Richard Fuchs von den „Deichwächtern" hat die Fotos gemacht. Heinz Jürgens, Vorsitzender der Protestbewegung, zeichnet für die Texte verantwortlich.

Auf einem Poster mit 18 farbigen Motiven sind die Gebiete zu sehen, die für das Olympische Dorf vorgesehen sind. Zum Preis von fünf Euro ist es im linksrheinischen Buch- und Zeitschriftenhandel (Gossens, Unrein, Braun) erhältlich. Ebenso die Postkarten, die pro Stück 50 Cents kosten. Die Bilderserie will besonders auf die stadtnahe Landwirtschaft aufmerksam machen.

„Denn", so Jürgens, „vier Bauern produzieren auf den Feldern vor allem Küchenkräuter. Wir brauchen die Produktionsflächen, uns würde die Existenz genommen", sagt Bauer Paul Adams. hiw

Am **12.09.2002** präsentiert das Aktionsbündnis der Presse **Poster und Postkarten gegen Olympia**. Sie zeigen die bedrohte Landschaft und dörfliche Motive unter dem Motto: ***Besuchen Sie Lörick, solange es noch steht.*** Die Produktion findet im Handel und beim Publikum große Zustimmung und Abnahme. (Fotos und Poster: Richard Fuchs)

Mit Schreiben vom **13.09.2002** erreicht die dritte **Protest-Dokumentation** das NOK, verbunden mit dem Wunsch des Aktionsbündnisses mit dem **Evaluierungskomitee** am **18./19.10.2002** sprechen zu können. Zu dem Treffen kommt es in letzter Minute, denn zunächst wird von Seiten der Stadt alles getan, um einen Kontakt zwischen dem Evaluierungskomitee und dem Aktionsbündnis zu verhindern. Letztlich zeigt der Protest dennoch Wirkung. Denn das Evaluierungskomitee platziert bei seiner Bewertung des Standortes für das Olympische Dorf Düsseldorf auf Platz 5.

19.10.2002: Treffen mit **Evaluierungskomitee** trotz Verhinderungsversuchen der Stadt.

Das im November **2002** anberaumte sogenannte **Werkstattverfahren** erhält einen besonderen Platz im **Schwarzbuch des Steuerzahlerbundes. Denn ohne jeden Sinn werden dafür 500.000 Euro verschwendet.** Das erklärte Ziel ist die Vereinnahmung der Bevölkerung und vor allem die

Protestfront. Vertreter des Aktionsbündnisses waren zwar als Beobachter zugegen, nicht aber als Diskussionsteilnehmer. Damit wurde der **Zweck der Veranstaltung** verfehlt und lief ins Leere.

02.11.2002 Vertreter des Aktionsbündnisses nehmen an der Rundfunk- und TV-Übertragung von „Hallo Ü-Wagen direkt" des WDR teil.

2002: Der Vorstand der Deichwächter veranlasst nach Beendigung der großen Kirmes eine **Begehung der Oberkasseler Rheinwiesen** mit dem Vorsitzenden des Landschaftsbeirates, Rechtsanwalt Heuser, um auf die stetig wachsenden Schäden nach jeder Kirmes aufmerksam zu machen. Nach Verhandlung von Herrn Heuser mit den Kirmesveranstaltern kommt es noch im selben Jahr erstmalig zu einer umfassenden Renaturierung der Wiesen. Die schadhaften Stellen werden mit Mutterboden bedeckt und eingesät; an den neuen Standorten der Elektroverteilerstellen wird das alte ungenutzte Pflaster entfernt und durch Rollrasen ersetzt.

2002: Mit Genehmigung der Stadt Düsseldorf veranstaltet McKinsey & Company, Inc. im Sommer am Rheinufer rechtsrheinisch, aber auch linksrheinisch, auf den Rheinwiesen zwischen der Oberkasseler Brücke und der Theodor-Heuß-Brücke einen Event. Hierbei kommt es, bedingt durch Aufbauten und Befahren der Wiese mit Schwerlastern, zu erheblichen Schäden des Landschaftsschutzgebietes. Obwohl das Landschaftsschutzgesetz eine solche Nutzung verbietet, erteilte die Stadt Düsseldorf die Erlaubnis. Aus diesem Anlass stellten die Deichwächter eine Strafanzeige gegen die Verantwortlichen der Stadt Düsseldorf und eine Dienstaufsichtsbeschwerde beim Regierungspräsidenten.

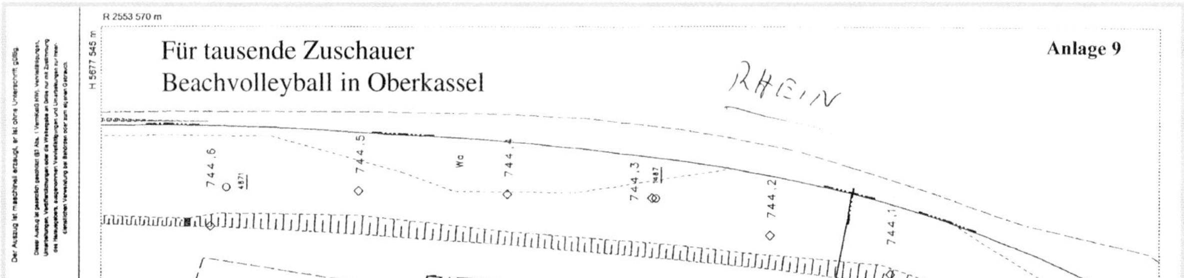

Zwischen Oberkasseler- und Kniebrücke auf den Oberkasseler Rheinwiesen sah die Olympia-Bewerbung zwei große Arenen für die Beach-Volleyball-Spiele vor, plus Übungsfelder, Mannschafts- und Versorgungsgebäude, Anfahrtswege und Parkplätze – und zwar, nicht nur temporär. Auf eine Frage der Deichwächter, „was geschieht bei Hochwasser", antwortete OB Erwin: „Frau Fuchs, das haben wir im Griff."

05.02.2003: Ein letztes Bürgerforum – es ist das 4. im überfüllten Saal der Philippus-Kirche – nutzt Minister Vesper (Grüne) wenige Stunden zuvor dazu, den Sprecher des Aktionsbündnisses, Heinz Jürgens, telefonisch so zu attackieren, dass er gesundheitliche Schäden davon trägt und der Veranstaltung fernbleiben muss. Als **„Büttel“ und „Scharfmacher“** soll der Minister den Ruheständler bezeichnet haben. Das Bürgerforum ist nicht nur das letzte, sondern auch ein besonders wichtiges. Denn dort wird ein Bürgerbegehren gegen den Ratsbeschluss vom 20.01.2003 auf den Weg gebracht, das zu dieser Zeit kurz vor dem erfolgreichen Abschluss steht. In dem Ratsbeschluss gibt die Stadt Düsseldorf eine Garantie, für den Fall eines nationalen Sieges nach dem 12.04.2003, ca. **50 Mio. Euro** geschätzte Kosten für die internationale Bewerbungsphase bis 2005 zu übernehmen.

Mit ihrem Schreiben vom **06.03.2003** an den Präsidenten des NOK Dr. Klaus Steinbach, macht das Aktionsbündnis darauf aufmerksam, dass Düsseldorf **mit falschen Zahlen hantiert**. Nach einer genauen Analyse der Bewerbungsunterlagen ist festzustellen, dass die Gesamtkosten für die Ausrichtung der Olympischen Spiele 2012 auf insgesamt **3.950 Mrd. Euro** belaufen sollen, OB Erwin und die Düsseldorf Rhein-Ruhr 2012 GmbH nennen stattdessen beharrlich nur eine Zahl von **2,2 Mrd. Euro oder 2,4 Mrd. Euro**. Auf der **Einnahmenseite** wiederum rechnet OB Erwin die Zahlen hoch. Während die Presseinformation einer Pressekonferenz vom 17.02.2003 erklärt, eine Hochrechnung der Gesamteinnahmen wäre **unseriös**, vor allem in Bezug auf die Einnahmen aus dem Verkauf der TV-Rechte, kommt OB Erwin auf erwartete Einnahmen aus dem Verkauf von Fernsehrechten von **1,8 bis 2 Mrd. Euro**.

Bild

26. Juli 2004 * BILD * Seite 3

Aufwachen!!!

Unsere Rheinkirmes könnte viel größer sein, so prall und bedeutend wie das Oktoberfest. In Oberkassel fehlt der Platz. Ihr Schützen und Kirmes-Bürgermeister, fragt doch mal bei der Messe an!

Knapp vier Millionen Besucher kamen diesmal zur Großen Kirmes. Kritiker sind überzeugt: Es könnten noch viel mehr sein...
Foto RAINER HOTZ

Rheinwiese

Oktoberfest

Die Kirmes in der Messe wäre die größte in ganz Europa – bringt 2000 Jobs

Hunderte, vielleicht tausende Gäste im Bierzelt - wird es bald auch in den Düsseldorfer Messehallen so hoch hergehen?
Foto: JOERG KOCH

Bierkrüge stemmen auf dem Münchner Oktoberfest. Mit einem anderen Standort könnte unsere Kirmes die „Wies'n" noch übertreffen

Von WOLFGANG BERNEY

Düsseldorf - **Die größte Kirmes am Rhein - jedes Jahr ein Spaß für mehr als 4 Millionen Menschen. Aber: „Unser Volksfest könnte viel größer werden, mehr Besucher aus Fernost und Amerika anlocken wie das weltbekannte Münchner Oktoberfest," sagen Kritiker.**

Sie verweisen auf die fehlenden Parkplätze in Oberkassel, den alljährlichen Ärger mit Anwohnern und Naturschützern, die Probleme bei schlechtem Wetter, den fehlenden Platz für mehr Hallen und Schausteller und schlagen vor: „Lasst die Kirmes in die Messe ziehen!"

Befürworter des Plans auch der Verein „Deichwächter." Er hat ausgerechnet: Der Düsseldorfer Juli-Rummel in der Messe könnte mindestens zwei Wochen dauern, zur größten Kirmes Europas werden. Sie hätte Platz für 500 zusätzliche Kirmes-Geschäfte, brächte 1500 bis 2000 Arbeitsplätze, mehr Steuereinnahmen durch höhere Umsätze. Dazu kommen die optimale Verkehrsanbindung und die Parkplätze der Messe.

Die St. Sebastianer Schützen könnten dann, so der Vorschlag des Vereins, auf einer deutlich verkleinerten Kirmes auf der Wiese nach wie vor ihr Fest feiern - gemeinsam mit den Kameraden aus Oberkassel.

Schützenchef Josef Arnold und sein Vorstand lehnten gestern ab. „Unsere Kirmes am Rhein direkt gegenüber der Altstadt ist ein Stück Düsseldorfer Tradition. Die kann man nicht einfach verlegen. Eine Kirmes im Messegelände wäre ein totgeborenes Kind.

Wirklich? „Aufwachen, ihr Schützen!", sagen die Befürworter der Umzugspläne, verweisen auch auf die Kirmes-Bilanz 2004: Da schrammten die Schausteller knapp an der Katastrophe vorbei. Unter vier Millionen Besucher (letztes Jahr 4,5) kamen auf die Festwiese.

Haben Sie

2004: Alle Jahre wieder brandet die Diskussion um eine **Verlängerung der Größten Kirmes** am Rhein neu auf. Die meisten mögen die Mai-Kirmes, alle tolerieren die Große Kirmes – selbst die Bewohner von Oberkassel, Niederkassel und Lörick, die am stärksten davon betroffen sind. Eine Verlängerung von bisher neun auf 16 Tage darf nur dann geschehen, wenn diese (dann) Acht-Millionen-Besucher-Veranstaltung aus dem linksrheinischen Wohngebiet verlegt wird zum Großraum Messe/Stadion-Gelände. Gegen eine drohende Verlängerung im Stadtteil Oberkassel wehren sich die Deichwächter und fordern eine Verlegung.

BILD titelt am **24. Juli 2004: „Aufwachen!!! Unsere Rheinkirmes könnte viel größer sein, so prall wie das Oktoberfest**. In Oberkassel fehlt der Platz. Ihr Schützen und Kirmes-Bürgermeister, frag doch mal bei der Messe an! Die Kirmes in der Messe wäre die größte in ganz Europa – bringt 2.000 Jobs.“ Viele Argumente würden dafür sprechen: geeigneter Platz, hervorragende Verkehrsanbindungen und befestigte Parkplätze für zigtausende von Fahrzeugen, vor allem viel mehr Platz für die vielen, bislang unerfüllbaren Stellplatzwünsche der Schausteller (von 1.500 können bislang nur 350 berücksichtigt werden).

27.11.2004: Mit einem Schreiben und einer Fotodokumentation machen die Deichwächter OB Joachim Erwin auf **gravierende Schäden an den Rheinwiesen** aufmerksam. Erwin verspricht Abhilfe und betont in seinem Schreiben zum Schluss: *„Festzuhalten bleibt abschließend, dass die beteiligten städtischen Ämter in Zusammenarbeit mit dem Schützenverein im regen Kontakt stehen, um einen der attraktivsten Orte unserer Heimatstadt zu schützen und zu erhalten.“*

Flucht vor dem Matsch mit „Erwin-Tours"

Deichwächter drängen auf Renaturierung der Wiesen

Von ANDREA KREBS

Oberkassel. Frechheit siegt. Und so gingen die Deichwächter vorwitzig in die Offensive, titelten das Oberbürgermeister-Büro kurzerhand in „Erwin-Tours" um. Als durchaus ernst zu nehmende Antwort auf die Erwin-Forderung nach einer 16-Tage-Kirmes. „Wer sich daran stört, den schicken wir in Urlaub, hat der OB dereinst gesagt, wir haben ihn beim Wort genommen", sagt Helma Lang, Sprecher des 80 Mitglieder starken Vereins. 3000 „Strandverschickungs-Einladungen" haben sie an die Oberkasseler verschickt - 200 bescheinigten ihnen per Rückantwort, dass sie im kommenden Juli der Matschwüste, den Müllbergen und den Menschenmassen den Rükken kehren wollen. Lang: „Die Urlaubsanträge haben wir jetzt übergeben, die beinhalten Kosten von etwa 600 000 Mark, ein Betrag, den der OB schon mal in den Haushaltsentwurf 2001 einbringen sollte."

Dass die Deichwächter ein Bürgerpfund im Rücken haben, mit dem sie wuchern können, weiß die Stadt. Sie waren es, die vor sieben Jahren die Deichgaragen durch massiven Protest verhinderten. Sie sind es auch, die nun beim Regierungspräsidenten eine Dienstaufsichtsbeschwerde gegen den OB und Dezernent Helmut Rattenhuber einreichen wollen - zum Schutz der Rheinwiesen.

„Die Schützen, die den

Treuhändler

Grund zum Rummel mieten, scheren sich nicht um ihre Hinterlassenschaften, und die Stadt als Treuhändler hält sich nicht ans Landschaftsschutz-Gesetz. Darauf werden wir nun pochen", verspricht Vorsitzende Ursel Fuchs. Es gebe eindeutige Paragraphen, die verbieten, dass in Landschaftsschutz-Gebieten neue Wege geschaffen und befestigt werden. Doch genau das ließe die Stadt zu. Indem sie überlegt, die tiefen Furche, die der Kirmes-Schwerlast-Verkehr und die Fährkunden in den Wiesenboden gegraben oder getrammpelt haben, mit Schotter zu füllen. Fuchs: „Wir hoffen, dass wir dagegen noch mehr Unterstützung aus der Bevölkerung bekommen."

Um das zu erreichen, wollen sie allen Düsseldorfern an 365 Tagen im Jahr den Zustand der Rheinwiesen vor Augen führen: Mit dem Kalender „Liebe zu Lamm und Landschaft". Fotografiert von Richard Fuchs, betextet von seiner Frau Ursel. 600 Stück haben die vornehmlich Oberkasseler Händler, aber auch das Carsch-Haus, geordert. Von den 24,50 Mark unterstützen 2,50 Mark den Verein, der den Monatsplaner zudem in einen 1,45 Minuten langen Film umgesetzt hat, der ab heute in allen Programm-Kinos als Vorgeschmack läuft. „Wenn die Menschen ihn sehen, wollen sie keine 16-Tage-Kirmes mehr", hofft Ursel Fuchs.

NRZ 18. Oktober 2000. Deichwächter mahnen immer wieder: Renaturierung oft zu spät und zu halbherzig.

16.11.2005: Deichwächter veranlassen eine Begehung der Rheinwiesen gemeinsam mit Rolf Tups, Vorsteher der Bezirksvertretung 4, Frau Meisenbach, Herrn Weißenfels vom Liegenschaftsamt und Herrn Nöten von der Unteren Landschaftsbehörde, um auf die mangelhafte Renaturierung der Rheinwiese aufmerksam zu machen.

2006: Um auf die Schönheiten der Rheinlandschaft der Landeshauptstadt – insbesondere der 10 Kilometer langen linksrheinischen Landschaftsschutzgebiete von Lörick bis Heerdt als Erholungsgebiet für die Bevölkerung – aufmerksam zu machen, präsentiert der Deichwächter e. V. eine wohl einmalige Fotoserie. In einer Auflage von **4.700 Exemplaren wird ein 16-seitiges 4-Farb-Foto-Leporello** als Postwurfsendung in Oberkasseler Haushalte verteilt. Auf der Rückseite des Leporellos beschreiben Deichwächtermitglieder die Schönheiten der Landschaft und warum sie die Stadt am Strom so lieben. Einer von ihnen ist der Italiener Dr. P. Rumigniani mit seinem Statement und ungewöhnlichen Geschichte: „Warum ein Italiener in Madrid arbeitet und in Oberkassel wohnt". Die einzelnen Motive sind außerdem als Postkartenserie (im Maxiformat für Normalporto) im Handel erhältlich.

Seite 18 Du **DÜSSELDORF** Dienstag, 21. August 2007 **EXPRESS**

Zum Duell auf der Oberkasseler Deichkrone aufgestellt: Deichwächter Richard Fuchs und Ratsfrau Monika Lehmhaus.

Letzter Versuch gescheitert

FDP-Ratsfrau wagt neuen Vorstoß für eine Garage unterm Deich

Von ANNE ANGENVOORT und BODO FUHRMANN

Düsseldorf – Jeden Tag stellen sich die leidgeprüften Oberkasseler die Frage: Wie find' ich überhaupt noch einen Parkplatz? Eine FDP-Ratsfrau hat jetzt die Lösung.

Die Not ist riesig. Einige genervte Anwohner sollen sogar schon Daueraufträge mit der Stadt für Knöllchen vereinbart haben. Aber auch die Feuerwehr stöhnt regelmäßig über verstopfte und zugeparkte Straßen. Jetzt glaubt Ratsfrau Monika Lehmhaus (FDP) den Stein der Weisen gefunden zu haben. Sie fordert 500 Stellplätze unter den Rheinwiesen. Doch eine Großgarage an dieser Stelle treibt Oberkassels „Deichwächter"-Verein nicht auf die Palme, wohl aber auf die geheiligten Rheindeiche.

Lehmhaus glaubt fest daran, mit ihrer Quartiersgarage unter den Deichen was ganz Geniales entdeckt zu haben. Am Mittwoch brütet die Bezirksvertretung über ihrem Vorschlag. Lehmhaus: „Eine solche Garage ist doch die einzige Chance, die Parkplatznot etwas zu lindern. Die Sache nochmals zu schieben, ist wegen der Dringlichkeit des Themas nicht mehr zu vertreten."

Täglich zu sehen: Parkplatznot in Oberkassel Fotos: van Offern/ Galert

Die streitbare Liberale macht Druck und glaubt, den Anwohnern aus dem Herzen zu sprechen. Doch das bezweifeln die kritischen „Deichwächter". Ihr Vorsitzender Richard Fuchs: „Frei nach dem Motto: »Totgesagte leben länger«, serviert uns ein Ratsneuling Deichgaragen, die vor 15 Jahren schon von rund 90 Prozent der Oberkasseler Bevölkerung abgelehnt wurden. Und auch die Bezirksregierung hatte erklärt: Hände weg von den Rheindeichen."

Der oberste Deichwächter heißt nicht nur so, er ist auch ein alter Fuchs, und zählt sofort die ganzen Gesetze auf, die gegen den Bau von Deichgaragen sprechen: Landschaftsschutz- und Wasserhaushaltsgesetz und schließlich noch die Deichschutzverordnung. Unterm Strich glaubt Fuchs: „Frau Lehmhaus hat's leicht. Sie möchte geliebt und wiedergewählt werden."

Ob Fuchs auf Rückendeckung bei den Autohaltern stößt, ist fraglich. Denn er fordert allen Ernstes: „Parkraumnot begegnet man nicht mit neuen Garagen, die noch mehr Autos anziehen. Sondern allein durch weiteren Druck, bis die Bürger auf Bahn oder Fahrrad umsteigen."

2007: Alle paar Jahre wieder Deichgaragen – ein Werbe-Gag der FDP. Die Pläne aus dem Jahr 1993, Deiche abzugraben, um dort Deichgaragen zu bauen, konnten die Deichwächter mit Unterstützung der Bezirksregierung auch 2007 wieder einmal erfolgreich und damit unwiderruflich verhindern. Monika Lehmhaus (FDP) hatte in der Bezirksvertretung 4 erneut den Antrag gestellt, ein solches Projekt prüfen zu lassen. Obwohl Politik und Verwaltung der Stadt nicht müde war, immer wieder zu behaupten, dem Projekt Deichgaragen stehe kein behördliches Hindernis entgegen – alles sei geprüft – teilte die Obere Deichaufsicht in der Bezirksregierung auf Anfrage des Deichwächter-Vorstandes mit, dass die Deichgaragen nie genehmigt worden wären. Man zeigte sich sogar amüsiert darüber, wie man überhaupt auf eine solche Idee kommen könne.

2008: Konzertierte Aktion gegen Falschparker auf den Rheinwiesen. Immer wieder sind die Oberkasseler Rheinwiesen von Zugriffen bedroht. Sei es durch Großveranstaltungen, durch Verschotterung der Wiese, durch Busse aus Anlass von Demos, durch Falschparker. Dabei dient das Landschaftsschutzgebiet den BürgerInnen als „grüne Lunge" und Erholungsraum. Damit das so bleibt, werden Deichwächter immer wieder aktiv und sind für Bürgerinnen und Bürgern wie Presse zu einer beachteten und geschätzten Institution geworden, für die Düsseldorfer Kommunalpolitik und Verwaltung dagegen zu einem gefürchteten Verein.

Unzureichende Absperrungen der Zufahrten zu den Rheinwiesen verführen immer wieder PKW-Nutzer dazu, das Landschaftsschutzgebiet als Großparkplatz zu missbrauchen. Daran hindern auch nicht die beiden Schilder „Durchfahrtverbot" und „Landschaftsschutzgebiet", so geschehen an einem schönen Pfingstsonntag. Über 80 PKW werden gezählt. Einige Fahrer veranstalten regelrecht ein Rennen und gefährdeten damit vor allem Kinder. Erst nach vielen Anrufen von Deichwächter-Mitgliedern, gelingt es endlich gegen Abend die Situation zu entschärfen, nachdem sie wiederholt Polizei, Ordnungsamt und das Amt für Verkehrsmanagement telefonisch für den Zustand und die vorauszusehenden Unfälle haftbar gemacht haben. Halbherzig verhält sich die Polizei, indem sie mit einem Einsatzwagen auf dem befestigten Teil der Rheinwiesen hin und her fährt in der Erwartung, schon das habe einen abschreckenden Effekt. Nach nochmaligen Beschwerden bezieht die Polizei Position an der Auffahrt vor der Oberkasseler Brücke und verteilte Strafzettel.

Ein besonderes Ärgernis ist auch die Nutzung der **Rheinwiesen als Busparkplatz**, im Zusammenhang mit Demos. Der Deichwächtervorstand reklamierte dies wiederholt beim Polizeipräsidenten. Der Polizeipräsident Schenkelberg antwortet mit Schreiben vom 10.08.2007 und bestätigt, dass für 10.000 Versammlungsteilnehmer 128 Busse auf den befestigten Flächen der Rheinwiese geparkt haben. Zum Schluss lehnt er die Forderung der Deichwächter mit der Begründung ab: *Gesetz und Rechtsprechung billigen dem Veranstalter umfangreiche Gestaltungsmöglichkeiten für öffentliche Versammlungen zu. Eingriffe in diese Gestaltungsfreiheit sind nur bei Vorliegen von gegenwärtigen Gefahren für die örtliche Sicherheit und Ordnung zulässig. Versammlungen unter freiem Himmel kollidieren im Allgemeinen mit den Grundrechten Dritter, mit Rechtsgütern von Verfassungsrang und Interessen der Allgemeinheit. Hier entspricht es dem Gebiet der praktischen Konkordanz, einen angemessenen Interessenausgleich vorzunehmen.*

29.05.2009: Mit einem **Offener Brief** an Oberbürgermeister Dirk Elbers und Bürgermeister Friedrich G. Conzen weisen die Deichwächter vor dem Hintergrund beabsichtigter Einsparungen im städtischen Haushalt darauf hin, dass am einfachsten die Planung zu stoppen sei, den Gehweg auf dem Deich zwischen Oberkasseler- und Kniebrücke als Joggingstrecke zu beleuchten. Damit würden **170.000,-- Euro im Deich vergraben**, vielleicht sogar noch mehr. Denn die Deichaufsicht hat der Stadt strenge Auflagen verordnet. Im Bereich der rund ein Dutzend Bäume entlang der Wegstrecke soll per Hand ausgeschachtet werden. Weiter heißt es: Die geplante Beleuchtung der Jogger ist eine Maßnahme wider alle Vernunft. Niemand braucht die nächtliche Beleuchtung. Da die Ausgaben für die Beleuchtung erst recht in Zeiten der Finanzkrise unverantwortlich sind, haben Deichwächter beim Bund der Steuerzahler beantragt, den Fall in das **Schwarzbuch „Die öffentliche Verschwendung"** eintragen zu lassen. Wir fordern Sie deshalb auf, das Projekt rechtzeitig vor dem ersten Spatenstich zu stoppen. (Verteiler: RP, WZ, NRZ, BILD, EXPRESS, WDR, Antenne Düsseldorf). Der Bund der Steuerzahler teilt am 04.06.2009 mit, dass sie den Fall in einem Beitrag ihrer Verbandszeitschrift „Die NRW Nachrichten" veröffentlicht haben.

Juli 2009: Mit einem Schreiben lädt der neu gegründete ***Anwohner Schutz Verein Oberkassel e. V.*** die linksrheinische Bevölkerung ein, **Mitglied zu werden**. Zweck des Vereins ist es, *sich für die Abwehr und die Minderung von übermäßigen oder unangemessenen Umweltbelastungen und Beeinträchtigungen (etwa durch Geräusch, Verkehrslärm und –aufkommen, Luftverunreinigungen, Erschütterungen, Vermüllung, Verschmutzung, vorschriftswidrige Nutzung von Parkraum u. ä.) einzusetzen, denen die Anwohner der linksrheinischen Stadtbezirke ausgesetzt sind, darüber hinaus allgemein für die berechtigte Interessen von ihnen einzutreten, zum Beispiel auch für die qualitative Verbesserung des Wohnumfeldes der Anwohner und des Stadtbildes.* Vorstand des gemeinnützigen Vereins sind Ursula Op den Berg und Hinrich Jan Pump.

Müll oder Müllvermeidung? Das ist hier die Frage. Deichwächter schreiben einen Offenen Brief an: AWISTA, Höherweg 100, 40233 Düsseldorf, Ordnungsamt der Stadt Düsseldorf, Heinrich-Ehrhardt-Straße, Amt für Liegenschaftsmanagement, Mühlenstraße 29, Untere Landschaftsbehörde, Kaiserswerther Str. 390, Bezirksvertretung 4, Presse und unterbreiten konstruktive Vorschläge zu Müllvermeidung.

14. Juni 2013: DEICHWÄCHTER schreiben einen **Offenen Brief an Oberbürgermeister Dirk Elbers**, zur Kenntnis an Düsseldorfer Medien: „Sehr geehrter Herr Oberbürgermeister Elbers, über 2.000 „Biker4Kids" aus ganz NRW knatterten 32 km durch die samstägliche Stadt. Start: der Hein-Gericke-Lagerverkauf an der Reisholzer Werftstraße, Ziel: ebendort. An der Spitze des Korsos: Dr. Marie-Agnes Strack-Zimmermann (FDP), l. Bürgermeisterin der Landeshauptstadt. Ein Schelm, der Schlechtes dabei denkt.

Pause war auf den Oberkasseler Rheinwiesen bevor der Korso mit qualmenden Auspuffen weiter röhrte. Dort jedoch hat eine solche Veranstaltung nichts zu suchen. Auch dann nicht, wenn sie nach dem Prinzip „Der Zweck heiligt die Mittel" genau einen solchen Zweck anführt, der geeignet sein könnte, alle möglichen Kritiker an dem PR-Unternehmen mundtot zu machen. (...) Fragt man nach der Genehmigungs-Instanz für den Werbe-Event, dreht sich im Rathaus das Karussell der organisierten Unverantwortlichkeit: Das eigentlich für den Schutz zuständige Garten- und Friedhofsamt verweist an das Liegenschaftsamt, dieses wiederum als Genehmigungs-Instanz für die unstatthafte Nutzung auf das Oberbürgermeister-Büro. Ein Mitarbeiter des Liegenschaftsamts berichtet. „Jede Woche erreichen uns Anfragen wegen toller Events auf den Rheinwiesen."

29. Juli 2013 Zum Thema Zerstörung des Landschaftsschutzgebietes Höhe Heerdt durch den Bau der Fernwärmeleitung wenden sich die Deichwächter an die Regierungspräsidentin Anne Lütkes von der Bezirksregierung Düsseldorf und an die Presse. Sie weisen darauf hin, dass von Seiten der Stadtwerke dieser Bereich unzureichend bzw. gar nicht saniert wurde. Im Bereich der ehemaligen Baustelle sei auf einer Fläche von der Größe eines halben Fußballfeldes die ehemalige Wiesenfläche so verdichtet und abgesenkt, dass ein See mit Brackwasser entstanden ist. Obwohl die Stadtwerke vor Monaten den Medien gegenüber versprachen, mit der Renaturierung zu beginnen, geschah erst etwas nach Presseveröffentlichungen, einem Interview von Center-TV und Abmahnung der Oberen Deichaufsicht.

29. Okt. 2013 Im Zusammenhang mit der umstrittenen Planung **U 81/Rheinquerung bei Lörick** wenden sich die Deichwächter mit ausführlichen Schreiben an Verkehrs-Ministerien von Bund und NRW. Sie machten gegenüber den übergeordneten Bewilligungsinstanzen für die Fördergelder geltend, dass mit einer Realisierung in Lörick Landschaftsschutzgebiete zerstört wie auch landwirtschaftliche Betriebe geschädigt würden. Als Antwort teilt das Ministerium für Bauen, Wohnen, Stadtentwicklung und Verkehr des Landes NRW in einem Schreiben an den Deichwächter e. V. vom 29. Okt. 2013 u. a. mit:

...Gemäß den Planungsentwürfen der Stadt könnte dieser Bauabschnitt Richtung Süden über die von Ihnen kritisch betrachtete Rheinquerung ergänzt werden. Bisher liegt jedoch weder eine Wirtschaftlichkeitsuntersuchung noch eine Anmeldung zu Aufnahme in das GVFG-Bundesprogramm vor... Angesichts der Tatsache, dass das GVFG-Bundesprogramm im Jahr 2019 ausläuft, ist mittelfristige Realisierung dieses 2. Bauabschnittes unwahrscheinlich. Ich kann Ihnen versichern, dass das Land das Projekt ebenso kritisch begleiten wird, wie Sie es in Ihrem Schreiben themenfokussiert dargestellt haben.

Zu vergleichbaren Betrachtungsweisen kommt auch das Bundesministerium für Verkehr, Bauen und Stadtentwicklung, in einem Schreiben an den Deichwächter e. V.

Demgegenüber heißt es in der Kooperationsvereinbarung 2014–2020 für die Landeshauptstadt Düsseldorf (S. 20): Wir werden noch in dieser Wahlperiode die Weichen stellen, den zweiten Bauabschnitt der U 81 mit Rheinquerung zu realisieren.

15.07.2014: Deichwächter führen auf Basis der zuvor eingereichten Fragen ein Gespräch mit Vertretern verschiedener Ämter der Stadt Düsseldorf. Teilnehmer/innen sind:
Herr Adamy – Vermessungs- und Liegenschaftsamt
Frau Ursel Fuchs – Deichwächter e.V.
Herr Richard Fuchs – Deichwächter e.V.
Herr Hartfil – Gartenamt
Herr Georg Kretzschmar – Deichwächter e.V.
Frau Künster – Vermessungs- und Liegenschaftsamt
Herr Nöthen – Gartenamt/Untere Landschaftsbehörde
Frau Törkel – Gartenamt

Folgende Fragen der Deichwächter werden beantwortet:
1) *Welche zeitlichen Regeln gibt es für den* ***Auf- und Abbau der großen Kirmes****, und auf welches Maß kann man die Zeiten verkürzen?* Deichwächter weisen daraufhin, dass die derzeitige Aufbauzeit von vier Wochen, die Abbauzeit von zwei Wochen um je eine Woche verkürzt werden könnten.
2) *Welche Auflagen macht die Stadt über Umfang und Terminierung für die* ***Renaturierung der Wiese*** *nach Ende der Kirmes?* Dem Wunsch der Deichwächter nach zeitnaher Renaturierung der Wiese nach Beendigung der Kirmes wurde entsprochen.
3) *Welche Auflagen gab es für FlicFlac in Sachen Renaturierung 2013? Die dauerhaften Schä-*

den waren beträchtlich. Die Schäden wurden nur halbherzig behoben.

4) *Wer hat den Bau der großen* ***Antennenanlage auf dem Deich*** *genehmigt und warum?* Frau Künster sagt zu, den Standort der Anlage für die Zukunft zu prüfen; insbesondere, ob diese auch unterhalb des Deiches betrieben werden kann. Im Folgejahr gibt es auf dem Deich diese Antennenanlage nicht mehr.

5) *Wie kann die Stadt gegenüber dem Polizeipräsidenten verhindern, dass die Rheinwiesen zwischen den beiden Brücken immer wieder als* ***Großparkplatz für Busse*** *missbraucht werden?* Busse hätten auf dem Messeparkplatz genügend Platz. Herr Nöthen erläutert, dass Busse/Fahrzeuge auf den befestigten Flächen vom Landschaftsrecht her auch im Landschaftsschutzgebiet nicht verboten sind. Die Stadt habe zudem keinen Einfluss auf Flächenauswahl oder Terminkoordination bei der Anmeldung von versammlungsrechtlichen Veranstaltungen.

6) *Wer genehmigt, und warum überhaupt, dass rund 2.000 Motorradfahrer bereits zum 2. Mal auf das Landschaftsschutzgebiet rollen?* Das verbieten sowohl die Rheinwiesensatzung als auch das Landschaftsgesetz NRW.

Herr Nöthen verweist nochmals darauf, dass Fahrzeuge auf den befestigten Flächen keinen Verbotstatbestand erfüllen. Zudem sind hier keine Aufbauten/Einrichtungen vorgesehen bzw. errichtet worden, so dass Belange der Unteren Landschaftsbehörde nicht betroffen sind. Damit vermittelt Herr Nöthen die Vorstellung, dass einzelne Flächen innerhalb eines Landschaftsschutzgebiets, wie das linksrheinische von Heerdt bis Lörick, von Regeln des Landschaftsgesetzes NRW befreit sein sollen. Das ist unzutreffend und öffnet immer wieder Begehrlichkeiten, die Rheinwiesen zwischen den beiden Brücken als Großparkplatz zu missbrauchen. Frau Künster sagte zu, die zukünftige Verfahrensweise zu prüfen.

7) *Welche Aufsichtspflichten hatte die Untere Landschaftsbehörde bei der Wiederherstellung der Landschaft nach V****erlegung der Fernwärmeleitung in Heerdt****?* Herr Nöthen erklärt, dass die Bezirksregierung Düsseldorf hier Genehmigungsbehörde ist und der Stadtentwässerungsbetrieb hier als Deichaufsicht tätig wird. Die geschilderten Schäden wurden durch die Untere Landschaftsbehörde aufgenommen. Eine entsprechende Mitteilung ist an die Bezirksregierung ergangen; die dortige Obere Deichaufsicht hatte die betreffenden Flächen bis zum damaligen Zeitpunkt noch nicht abgenommen und stand in Kontakt mit dem Schadensverursacher.

Erst durch Presseveröffentlichungen der Deichwächter und ein **Schreiben an die Obere Deichaufsicht** sehen sich schließlich die Stadtwerke bemüht, Erde auf die an dieser Stelle gebildete Vertiefung aufzuschütten, um das alte Landschaftsprofiel wieder herzustellen.

8) *Welche Haltung hat die Untere Landschaftsbehörde gegenüber dem Vorhaben der* ***Rheinquerung U 81*** *durch das Landschaftsschutzgebiet in Lörick?* Die Idee der Rheinquerung ist laut Frau Künster ca. 12 Jahre alt; ein Planfeststellungsverfahren hierzu wurde nie eingeleitet und die grundsätzlichen Planungen auf städtischer Seite hierzu ruhen. Es gibt hierzu weder beim Vermessungs- und Liegenschaftsamt noch beim Gartenamt/Untere Landschaftsbehörde laufende Verfahren.

25.04.2016: Deichwächter verschicken eine Presseinformation zum **Erlass des NRW-Umweltministers** Johannes Remmel (Grüne) und warnen vor zeitlicher Verlängerung der Kirmes. In der Information heißt es: „Ausgerechnet ein grüner Umweltminister liefert mit seinem heutigen Erlass eine Steilvorlage für eine zeitliche Verlängerung sowohl der kleinen als auch der großen Kirmes auf den Oberkasseler Rheinwiesen bis zu 18 Tagen und beugt sich damit den Wünschen der Kommunen. Obwohl, wie er betont, die Grenzwerte für Lärm nicht verändert werden sollen, würde eine Umsetzung dieses Erlasses in Bezug auf die Kirmesveranstaltungen eine unerträgliche Belastung für Natur und Mensch bedeuten. Schon jetzt sind die Grenzen des Erträglichen für

Natur und Stadtteilbewohner überschritten, mit:

- nachhaltiger Naturzerstörung im Landschaftsschutzgebiet Rheinwiesen
- tiefen und auch bleibenden Spuren in Düsseldorfs schönstem Naherholungsgebiet
- Verschotterung, Versiegelung und Verkarstung von Wiese und Böden
- Müll, Unrat, Speiseresten, Urin
- Motoröl, Abgas- und Feinstaub-Emissionen
- Schon jetzt steht das Naherholungsgebiet Rheinwiesen ausgerechnet in den schönsten Sommermonaten rund 2 Monate für die Bevölkerung nicht zur Verfügung, obwohl die Auf- und Abbauzeiten der Großen Kirmes verkürzbar währen: 3 Wochen Aufbau, anstatt 4 Wochen; 1 Woche Abbau, anstatt 2 Wochen. Nur 8 bis 10 Tage beansprucht z. B. das größte Fahrgeschäft, der Olympia-Looping, für den Aufbau mit nur 9 Männern. Wie schnell in Wahrheit auch die größten Fahrgeschäfte auf- und abgebaut werden können, zeigte das kurze Timing zwischen Beendigung der Düsseldorfer Kirmes am 13.07.2015 und dem Start der *Cranger Kirmes* am 07.08.2015.

Eine zeitliche Verlängerung der Kirmes würde das Fass zum Überlaufen bringen.

26.04.2016: In einem Interview der Rheinischen Post sagt Hinrich-Jan Pump, Vorsitzender des „Anwohnerschutzvereins linksrheinisch" und Deichwächter-Mitglied, zu den drohenden Konsequenzen des Erlasses des NRW-Umweltministers: „Wir sind entsetzt und fassungslos, vor allem, weil das ganze so furchtbar unnötig ist". Dass die Kirmes zeitlich verlängert werden sollte, für Pump schwer vorstellbar. Zu massiv sei der Lärm, zu groß die Parkplatznot. „Zehn Tage ließen sich gerade noch überstehen, aber 18? Das muss doch nicht sein." Im selben Artikel äußert sich **Schützenchef Lothar Inden**: „Uns geht es auch um Verlässlichkeit. **Eine längere Rheinkirmes wird es mit uns nicht geben**, das ist unverrückbar.

27.04.2016: Unter der Überschrift „Später Aprilscherz?" äußert sich Ursel Fuchs von den Deichwächtern zu dem Thema **Elektrogrill**: *Dass Düsseldorfer Parks ‚Elektrogrills bekommen sollen' – diese scheinbar feste Ankündigung am 2. April kann ja wohl nur ein verspäteter Aprilscherz sein! Oder ist es – genau wie 1993 die Deichgaragen für Oberkassel – eine vorübergehend ernst gedachte Idee, ausgebraten im Ausschuss für öffentliche Einrichtungen? Was soll sie bringen? Waldbrände vermeiden helfen wie in Australien – wo ist hier der Wald? Verringerung der* ***Müllmengen am Rheinufer****? Nicht weniger, sondern eher mehr Grillfreunde werden sich eingeladen fühlen und entsprechend mehr Flaschen, Essensreste und Plasikbesteck zurücklassen. (...) Schließlich ist die Installation fester Elektrogrills in Landschaftsschutzgebieten wie den Rheinauen nicht zuletzt ein Politikum des Umweltschutzes. Auch Ufer- und Wasserschutz sind zu beachten. Unbedingt und kompromisslos.*

26. u. 28. Juli 2016: In zwei Ausgaben nimmt BILD die Kritik der Deichwächter zum Anlass auf je einer halben Seite auf die hinterlassenen Schäden nach der großen Kirmes aufmerksam zu machen, besonders in Bezug auf den Tennisplatz. Die Überschrift: „**Rheinwiese durch Kirmes-Tennis ruiniert**?" Den Deichwächtern wird daraufhin vom Liegenschaftsamt und der Unteren Landschaftsbehörde versichert, dass der dort aufgebrachte Schotter wieder entfernt und die Fläche ordnungsgemäß renaturiert wird. Das ist aber nicht ordnungsgemäß geschehen. (01. Oktober 2016)

Wie ein Mitarbeiter der Aufbaufirma des Platzes gegenüber den Deichwächter erklärte, handelte es sich bei der auf der Kirmes eher deplatzierten Tennisanlage mit einer verschwindend geringen Zuschauerzahl um eine reine – von vielen Sponsoren finanzierte – Werbeveranstaltung für den Tennissport im Allgemeinen. Ihm fehle der Nachwuchs für die in der Unterhaltung teuren Tennisanlagen.

DÜSSELDORF

Rheinwiese durch Kirmes-Tennis ruiniert?

04.07.16
Beim Aufbau zu erkennen: Das Schotterbett unter dem Platz

20.07.16
Der Tennisplatz auf der Kirmes war zum ersten Mal aufgebaut worden, hatte aber wenige Zuschauer

Fotos: HOJABR RIAHI, JÖRG WERTH, ULI ENGERS

Deichwächter schalten Aufsichtsbehörde ein

Von WOLFGANG BERNEY

Düsseldorf – **Nach dem Ende der großen Düsseldorfer Kirmes kommt jetzt heftige Kritik von den „Deichwächtern", einem Verein von 80 Anwohnern, der sich die Pflege und Erhaltung der Rheinwiesen zur Aufgabe gemacht hat.**

Die „Deichwächter" schmettern vor allem gegen den erstmals aufgebauten Kirmes-Tennisplatz.

„Deichwächter"-Sprecher Richard Fuchs: „Dieser Tennisplatz war völlig überflüssig. Es kamen kaum Zuschauer und am Netz standen nur B-Prominente. An dieser Stelle wächst auf absehbare Zeit kein Gras mehr."

Denn, so Fuchs: „Der Natur-Rasen wurde abgehobelt und eine Schotterschicht aufgeschüttet. Darüber kamen noch einmal schwere Matten. Wenn überhaupt, dann kann man jetzt hier nur Rollrasen anlegen. Aber bis der einigermaßen ansehnlich ist, vergeht viel Zeit. Und er passt auch nicht unbedingt zum übrigen Echtrasen."

Die Deichwächter haben auf ihre Einwände bei der Unteren Landschaftsschutzbehörde und beim Amt für Immobilienmanagement bisher keine Antwort erhalten. Immerhin hätten die St. Sebastianer Schützen seit Jahren schon einen Landschaftsgärtner mit der Wiederherrichtung der Rheinwiese beauftragt.

BILD erreichte Robert Zitzmann vom Tennisplatz-Mitveranstalter „Jung von Matt". Zu den Vorwürfen sagte er: **„Es war alles abgesprochen mit dem Schützenverein. Selbstverständlich werden wir auf unsere Kosten die Anlage zurückbauen, so dass keine Schäden bestehen bleiben. Wir sind ja auch am Naturschutz interessiert."**

25.07.16
Gestern stand der Platz noch, er wird jetzt abgebaut

Füchschen-Zelt 2017 wieder da

Brauereichef Peter König

Düsseldorf – Bei der Kirmes wurde es schmerzlich vermisst: 2017 soll es wieder ein „Füchschen-Zelt" geben. Das kündigt Brauereichef Peter König an.

König hatte für dieses Jahr bei der Kirmes abgesagt, weil im Stammhaus für 4 Mio. Euro gerade umgebaut wird. König: „Für die Kirmes 2017 werde ich mich dann auf jeden Fall wieder bewerben. Ich hoffe, dass man mir wieder einen attraktiven Platz zuweist. Denn davon hängt vieles ab." Dieses Jahr hat König die Kirmes gar nicht besucht: „Da wäre Wehmut aufgekommen mit der Erinnerung an die vielen schönen Stunden in meinem Zelt."

bern

BILD 26. Juli 2016

August 2016: Mit einer Presseinformation weist der DEICHWÄCHTER e. V. darauf hin, dass eine **Bewerbung für die Olympischen Spiele** in Düsseldorf 2003 schon einmal kläglich gescheitert ist. Mit ihren Unterschriften zu einem Bürgerbegehren hatte sich die Düsseldorfer Bevölkerung wie auch später in München und Hamburg gegen eine Bewerbung für die Ausrichtung der Olympischen Spiele 2012 entschieden. Düsseldorf blieb schließlich die internationale Bewerbung erspart und damit Kosten von 50 Millionen Euro, für diese Bewerbung zusätzlich! London erhielt bekanntlich für die Ausrichtung der Olympischen Spiele 2012 den Zuschlag. Berichtet wurde nach den Spielen von Stress der genervten Bevölkerung und Abzocke in einer ohnehin kollabierenden Stadt.

12. August 2016: Die Rheinische Post titelt: **„Deichwächter gegen Olympia-Bewerbung."** In einem Interview mit der Redakteurin erklärt Richard Fuchs von den Deichwächtern, warum die damalige Bewerbung scheitern musste und eine erneute Bewerbung ebenfalls auf Widerstand in der Bevölkerung stoßen wird.

RHEINISCHE POST
FREITAG, 12. AUGUST 2016

Stadtteile D7

Deichwächter gegen Olympia-Bewerbung

Der Natur- und Landschaftsschutzverein hatte bereits 2001/2002 mit einem Aktionsbündnis gegen die Pläne der Stadt protestiert.

VON SEMIHA ÜNLÜ

OBERKASSEL Die „Deichwächter" schalten sich in die Diskussion um eine Bewerbung der Stadt für die Olympischen Spiele ein. „Der Flug des Oberbürgermeisters nach Rio de Janeiro sei ihm gegönnt, nicht aber das teure Spiel mit einer wiederholten Bewerbung für die Olympischen Spiele", teilt der Verein mit, den eine Gruppe von Düsseldorfern 1993 gegründet hatte, um die Rheindeiche in Düsseldorf und insbesondere die linksrheinischen Gebiete zu schützen.

Warum lehnen die Deichwächter Olympia am Rhein ab?
Die Deichwächter sorgen sich darum, dass bäuerliche Existenzen vernichtet und Landschaftsschutzgebiete im Zuge der Errichtung eines olympischen Dorfes zerstört werden könnten. Vor allem um die linksrheinische Natur, Landwirtschaft und Ökologie sorgt sich der Verein. „Wer jetzt in Rio die monströse Beach-Volleyball-Arena an der Copacabana sieht, kann ermessen, was uns erspart blieb", sagt Vorstandsmitglied Richard Fuchs.

Woher kommt diese Sorge?
Die Deichwächter beziehen sich vor allem auf den Vorstoß für eine Bewerbung um die Olympischen Spiele in der Amtszeit von Oberbürgermeister Joachim Erwin vor gut 15 Jahren. „Anstatt einer Industriebrache, wie es eigentlich in solchen Fällen üblich ist, hatte Joachim Erwin ausgerechnet die intakten linksrheinischen ausgedehnten Natur- und Landschaftsschutzgebiete, die Kulturlandschaft wie auch die landwirtschaftlichen Flächen für das olympische Dorf und einige Austragungsstätten ausgewählt", sagt Richard Fuchs. Die Sorge, dass bei einer erneuten Debatte um eine Bewerbung auch die linksrheinischen Gebiete der Stadt wieder zur Diskussion gestellt werden könnten, ist bei den Vereinsmitgliedern deswegen sehr groß.

Wie wollen die Deichwächter jetzt weiter vorgehen?
Der Verein will die Debatte um eine Olympia-Bewerbung genau beobachten und kann sich auch wieder vorstellen, gemeinsam mit Verbündeten gegen die Pläne zu protestieren. 2001/2002 hatten sich die Deichwächter zum Beispiel mit 17 Vereinen und tausenden Unterstützern etwa aus Schützen- und Karnevalsvereinen, dem Naturschutzbund sowie Bauern aus Lörick zum Aktionsbündnis „Hände weg von den Rheinauen" zusammengeschlossen. Gemeinsam wurden Aktionsstände und Unterschriftenaktionen initiiert.

Ist der Verein gegen Olympia in Düsseldorf generell oder nur gegen Wettbewerbe und Austragungsstätten im linksrheinischen Teil der Stadt?
„Sollte die Stadt die Pläne beispielsweise nach Hubbelrath verlegen, hätten wir nichts mehr dagegen einzuwenden", sagt Fuchs.

In einem kleinen Einspalter in der Rheinischen Post vom 01.09.2016 meldet sich Michael Vesper zum Thema Olympia-Bewerbung zu Wort, als einer dessen Langzeitgedächtnis offenbar noch intakt ist. Denn als ehemaliger NRW-Minister für Städtebau und Wohnen, Kultur und Sport (Grüne) unter Ministerpräsident Wolfgang Clement (SPD) und seinem Amtsnachfolger Peer Steinbrück (SPD) musste er leidvoll den vehementen Widerstand in der Bevölkerung gegenüber der Olympia-Bewerbung 2002/2003 (für 2012) erleben. Sein damaliges Engagement hat sich dennoch gelohnt. Nach der Abwahl der rot-grünen Landesregierung NRW 2005, wechselte er 2006 als Generaldirektor zum DOSB.

Nun heißt es in besagtem Beitrag der RP: „Der Deutsche Olympische Sportbund" (DOSB) plant keine Bewerbung für olympische Spiele in Deutschland." Dabei wird Vesper mit den Worten zitiert: „Wir haben zuletzt bei zwei möglichen Bewerbungen Niederlagen in Referenden erlebt, obgleich es im politischen Raum viel Zuspruch gab. Derzeit denkt der DOSB nicht an eine neue Olympia-Bewerbung." Dabei verweist Vesper auf die gescheiterten Bewerbungen für die Winterspiele 2022 in München und die Sommerspiele 2024 in Hamburg. Vesper kommt deshalb zum Schluss: „Die Vergangenheit zeigt, dass die Zeit dafür reif sein muss, wenn man die Zustimmung der Bürger in der betroffenen Region haben will. Und ohne die Zustimmung ist so ein Großereignis nicht denkbar.

Dessen ungeachtet verkündet Ministerpräsidentin des hochverschuldeten Bundeslandes NRW, Hannelore Kraft: „Ich würde mich über nichts mehr freuen als Olympische Spiele in NRW." (Südd. Zeitung, 05.09.16) Die Botschaft des DOSB scheint offenbar bei ihr noch nicht angekommen zu sein.

Nachwort

1993 mussten die Deichwächter im wahrsten Sinne des Wortes laufen lernen, um Eingriffe in die schöne Düsseldorfer Auenlandschaft zu verhindern. Dabei sollten sie auch wirklich gut zu Fuß sein. Denn sie scheuten weder Zeit noch Mühe, wann immer es notwendig war, Flyer oder Deichwächter-Zeitungen in Briefkästen der linksrheinischen Haushalte zu stecken, sogar von Haus zu Haus zu gehen, um z. B. Unterschriften gegen den Bau von Deichgaragen zu sammeln. Ich erinnere mich: lediglich zwei Personen am Kaiser-Friedrich-Ring und Kaiser-Wilhelm-Ring sprachen sich für den Bau der Deichgaragen aus und verweigerten ihre Unterschrift – beides Architekten.

Schon bald erfreuten sich die Deichwächter eines großen Zuspruchs der Bevölkerung und nahmen ihre Satzung beim Wort, in der es heißt, die Deiche und die Rheinauen seien unter „Gesichtspunkten des Umwelt- und Naturschutzes und der Landschaftspflege von Eingriffen zu schützen". Eine Befragung der linksrheinischen Bevölkerung der Stadt ergab 1997: 85 Prozent der Angeschriebenen sagten Nein zu den Deichgaragen. Dabei darf nicht unerwähnt bleiben, dass die regionale Presse, aber nicht nur diese wie auch die elektronischen Medien die Deichwächter mit unzähligen Beiträgen konstruktiv begleiteten. Ihnen gebührt unser besonderer Dank. So manches Mal kamen uns auch Referatsleiter der Bezirksregierung Düsseldorf mit ihrem Sachverstand zur Hilfe. Ihnen verdankt z. B. die Bevölkerung das endgültige Aus der Deichgaragen.

Ein wahrhaft seltenes Ereignis war es, als 2002 über ein Jahr lang zahlreiche Bürgerinnen und Bürger in verschiedensten Vereinen in seltener Einigkeit gegen die Olympiade-Bewerbung der Stadt Düsseldorf kämpften, ihre bäuerlichen Existenzen und den Landschaftsschutz in Lörick und Oberkassel verteidigten. Nicht unerwähnt bleiben sollte, dass während unserer Tätigkeit nicht von ungefähr die Rheinauen von Heerdt bis Lörick unter Landschaftschutz gestellt wurden.

Es sind aber nicht immer nur die Großereignisse, die es zu verhindern gilt, sondern die kleinen Eingriffe in den Landschaftsschutz mit dem gefährlichen Nachahmer-Effekt, sei es verbotswidriges Parken unterhalb der Deiche, Missbrauch der Rheinwiesen als Busparkplatz, Vermüllung der Landschaft, zunehmende Verschotterung der Rheinwiesen, Genehmigungen von Sonder-Events. Permanent bedrohen mannigfaltige Begehrlichkeiten diese einmalige Uferlandschaft. Denkt man's zu Ende, wächst da irgendwann kein Gras mehr.

Deshalb bleibt die Aufgabe der Deichwächter weiter wachsam zu sein. Damit wir auch in Zukunft die wichtige Aufgabe des Natur- und Landschaftsschutzes leisten können, sind wir auf Ihre Hilfe angewiesen. Werden Sie Mitglied, um die unverwechselbare schöne Düsseldorfer Rheinlandschaft zu erhalten. Es ist Ihre Landschaft und die unserer Kinder und Enkel.

Richard Fuchs
Gründungsmitglied des Natur- und Landschafts-Vereins DEICHWÄCHTER e. V. und Vorstandsmitglied seit 1993. (Damals als Vorstandsmitglieder ebenfalls dabei und über 20 Jahre aktiv: Ursel Fuchs und Dr. Helmar Lang).

Natur- und Landschaftsschutz-Verein
DEICHWÄCHTER e. V.
Postfach 11 03 27
40503 Düsseldorf

Liebe Freunde von Stadt + Land + Fluss! Wenn Sie mithelfen wollen, die schöne Düsseldorfer Rheinauenlandschaft zu erhalten, werden Sie Mitglied im gemeinnützigen Natur- und Landschaftsschutz-Verein DEICHWÄCHTER e. V.. Das dürfte Ihnen 25,-- Euro Mitgliedsbeitrag im Jahr wert sein. Wir freuen uns aber auch über eine Spende auf das Konto der Stadtsparkasse Düsseldorf: IBAN: DE86 3005 0110 0015 0745 03, BIC: DUSSDEDDXXX. Besten Dank im voraus und freundliche Grüße. Für den Vorstand Richard Fuchs und Georg Kretzschmar.

B E I T R I T T S E R K L Ä R U N G: Hiermit erkläre ich meinen Beitritt zum DEICHWÄCHTER e. V. . Ich erteile mit dem beigefügten SEPA-Lastschriftmandat gegenüber dem Empfänger DEICHWÄCHTER e. V. die Erlaubnis, einen Mitgliedsbeitrag in Höhe von 25,-- Euro jährlich von meinem Konto einzuziehen.

Vor- und Nachname...

Straße...

PLZ/Ort...

Datum...

Unterschrift...

Anschriftenfeld für Fensterumschlag
oder in den Außenbriefkasten von Fuchs Kaiser-Wilhelm-Ring 19, 40545 Düsseldorf werfen.
E-Mail: richfuchs@t-online

SEPA-Lastschriftmandat
SEPA Direct Debit Mandate

Name des Zahlungsempfängers / Creditor name:
Natur- und Landschaftsschutz-Verein Deichwächter e. V.

Anschrift des Zahlungsempfängers / Creditor address

Straße und Hausnummer / Street name and number:
Postfach 110327

Postleitzahl und Ort / Postal code and city: 40503 Düsseldorf

Land / Country: Deutschland

Gläubiger-Identifikationsnummer / Creditor identifier:
DE67ZZZ00000929672

Mandatsreferenz (vom Zahlungsempfänger auszufüllen) / Mandate reference (to be completed by the creditor):

Ich ermächtige / Wir ermächtigen (A) den Zahlungsempfänger (Name siehe oben), Zahlungen von meinem / unserem Konto mittels Lastschrift einzuziehen. Zugleich (B) weise ich mein / weisen wir unser Kreditinstitut an, die vom Zahlungsempfänger (Name siehe oben) auf mein / unser Konto gezogenen Lastschriften einzulösen.

Hinweis: Ich kann / Wir können innerhalb von acht Wochen, beginnend mit dem Belastungsdatum, die Erstattung des belasteten Betrages verlangen. Es gelten dabei die mit meinem / unserem Kreditinstitut vereinbarten Bedingungen.

By signing this mandate form, you authorise (A) the creditor (name see above) to send instructions to your bank to debit your account and (B) your bank to debit your account in accordance with the instructions from the creditor (name see above).

As part of your rights, you are entitled to a refund from your bank under the terms and conditions of your agreement with your bank. A refund must be claimed within 8 weeks starting from the date on which your account was debited.

Zahlungsart / Type of payment:

☒ **Wiederkehrende Zahlung / Recurrent payment** ☐ **Einmalige Zahlung / One-off payment**

Name des Zahlungspflichtigen (Kontoinhaber) / Debtor name:

Anschrift des Zahlungspflichtigen (Kontoinhaber) / Debtor address*

* Angabe freigestellt / Optional information

Straße und Hausnummer / Street name and number:

Postleitzahl und Ort / Postal code and city:

Land / Country:

IBAN des Zahlungspflichtigen (max. 35 Stellen) / IBAN of the debtor (max. 35 characters):

BIC (8 oder 11 Stellen) / BIC (8 or 11 characters):

Hinweis: Die Angabe des BIC kann entfallen, wenn die IBAN des Zahlungspflichtigen mit DE beginnt.
Note: If the creditor's IBAN is beginning with DE, the use of the BIC could be omitted.

Ort / Location:

Datum (TT/MM/JJJJ) / Date (DD/MM/YYYY):

Unterschrift(en) des Zahlungspflichtigen (Kontoinhaber) / Signature(s) of the debtor:

114 902.001 D0 (Fassung Mai 2013) - v1.3